中公新書 2309

新城道彦著

朝鮮王公族——帝国日本の準皇族

中央公論新社刊

まえがき

一九一〇（明治四三）年から四七（昭和二二）年まで、日本には「王族」と「公族」という身分が存在した。一九一〇年の韓国併合に際して、天皇が大韓帝国皇室のために詔書を発して創設した身分である。高宗太皇帝、純宗皇帝、皇太子李垠《りぎん》《イウン》といった大韓帝国皇室の嫡流は王族に、皇帝の弟にあたる義王李堈《りこう》《イガン》や太皇帝の兄にあたる興王李熹《りき》《イヒ》などの傍系は公族になった。

二〇〇五年七月、東京の赤坂プリンスホテルで老人の遺体が発見された。老人の名は李《り》《イ》玖《きゅう》《グ》。王族李垠と皇族梨本宮守正《なしもとのみやもりまさ》王の長女方子《まさこ》女王の間に生まれ、今上《きんじょう》天皇とは、はとこの関係にあった人物である。同時期、日本では皇位継承問題が表面化しており、小泉純一郎首相による私的諮問機関「皇室典範に関する有識者会議」の設置を契機として、皇室典範の改正が活発に議論されていた。日本の皇位継承をめぐる侃々諤々《かんかんがくがく》の議論にかき消されるように、大韓帝国皇室の嫡流が属した王族の唯一の末裔《まつえい》が東京でひっそりと亡くなったのである。

王公族の知名度は、皇族はもちろん、華族と比べてみてもきわめて低い。李垠一家が住ん

朝鮮の伝統衣装を着た王族たち，1918年　左から李垠，李王（純宗），李太王（高宗）

だ東京邸が戦後に改修されて赤坂プリンスホテル（旧館）になったことを知る人は、果たしてどれほどいるだろうか。

日本は一九四七年に新憲法が施行されるまで、天皇が現人神《あらひとがみ》として君臨する大日本帝国であった。皇室は現代でさえ純血を重んじる排他的な存在なのだから、当時はなおさらそうだったと考える人は少なくないだろう。植民地統治に関しても、日本が朝鮮を一方的な力で支配したという単純な二項対立の構造を想起しがちだ。

しかし、王公族に対する処遇はそうしたイメージと合致しない。王公族は異民族でありながら皇族の礼で遇され、皇族の一員と見なされたのである。しかも、その処遇がきっかけとなって、一九一八（大正七）年には旧皇室典範が増補されている。戦前のいわゆる旧皇室典範は明治憲法に比肩する国家の最高法規であり、手を加えたのは二回だけであった。そのうちの一回が、王公族を法的に皇族と見なすか否かという問題と関連して行われたのである。

結局、王公族は法的に皇族と見なされなかったが、礼遇上はあくまでも皇族として扱われた。たとえば、敬称は皇族と同じく「殿下」であったし、王族の李太王《りたいおう》（高宗）や李王《りおう》（純宗）の葬儀は、皇族でもなかなか賜《たまわ》れない国葬として執り行われた。公族の李鍝《イウ》公が広島で被爆死したときには、御附武官の吉成弘《よしなりひろし》中佐が自責の念にかられて自決している。終戦直前の一九四五年八月一二日に天皇が皇族を皇居に招致してポツダム宣言受諾の意思を告げたときには、王公族も同席していた。王公族と皇族の境界は曖昧《あいまい》だったのである。

王公族という身分の創設から消滅までを概観していくなかで、日韓の近代史、特に皇室や植民地統治に対するイメージは多少なりとも転換を迫られるであろう。

目次

朝鮮王公族——帝国日本の準皇族

王公族および関係者略系図

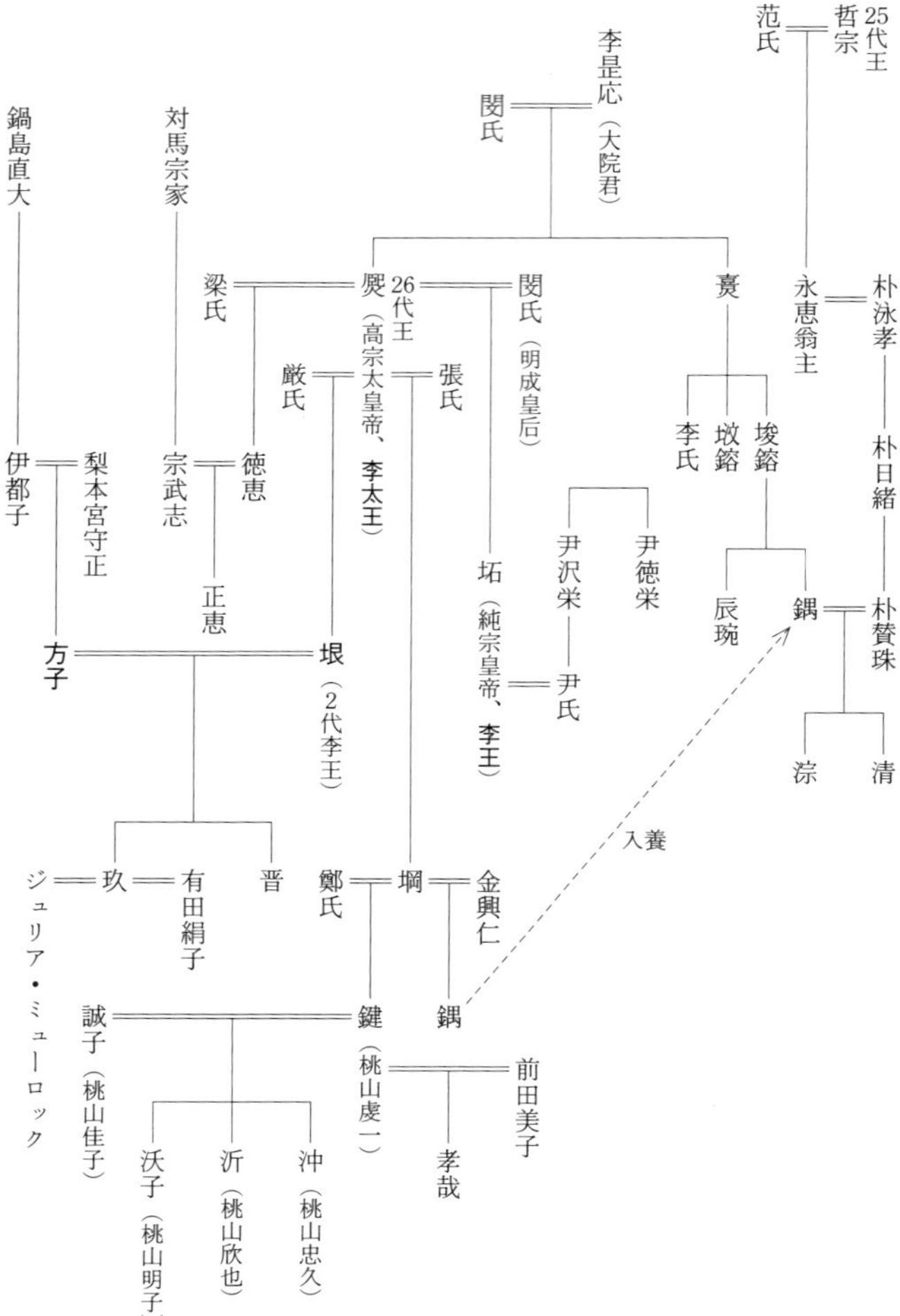

序章　帝国とは何か――東アジアの皇帝という存在

帝国のイメージ

一九一〇（明治四三）年に大日本帝国は大韓帝国を併合した。この二つの帝国が一つになる過程で誕生したのが王公族である。王公族を単に植民地下のロイヤルファミリーとしてだけではなく、歴史の重要なファクターとして叙述するために、まず序章で両国が国体とした帝国について押さえておきたい。

現代では軍事力や経済力を盾に覇権を拡大するアメリカを〝アメリカ帝国〟と揶揄《やゆ》することがある。また、竹島（独島《トクト》）の領有権をめぐって韓国が日本を〝小日本帝国〟と非難したりする。だが、そこでいう「帝国」は二〇世紀に定着した帝国主義の概念にもとづくものであり、帝国本来の意味とは異なる。

帝国とは本来「皇帝が統治する国」という国体を表す言葉である。一方、帝国主義とは他国の犠牲において自国の利益や領土を拡大しようとする思想や政策を意味し、主に共産主義者が軍国主義や資本主義を否定するために体系化した。帝国というと一般的には後者のイメージが浸透しており、多民族を支配する大国という意味で使用されることが多い。なぜ皇帝とは関係ないのに帝国主義というのだろうか。

まず、帝国という漢字語は一八世紀末の日本でオランダ語の「ケイゼルレイク(Keizerrijk)」(ケイゼル=皇帝+レイク=国)、つまり「皇帝の国」を訳出する過程で誕生した。「ケイゼル(Keizer)」はユリウス・カエサルに由来するローマ帝国の君主号から派生した言葉であり、ドイツ語の「カイゼル(Kaiser)」に相当する。ちなみに中国では、皇帝は周辺諸民族を含む世界全体を統治する存在なので、帝天下ということはあっても帝国とは表現しなかった。

この帝国という漢字語は、一九世紀初頭に編纂《へんさん》された日本初の英和辞書『諳厄利亜《あんげりあ》語林大成』でエンパイア(empire)の訳にも使われた。これが大きな間違いであった。エンパイアの語源はラテン語のインペリウム(imperium)であり、公職者が持つ「命令権」を意味する。そこから転じて、古代ローマでは命令権保持者が派遣される属州や戦地など、ローマの権威が確立した地域をインペリウムと呼んだ。すなわち、インペリウムを語源とするエンパイアは君主の軍事指揮権に力点を置いた言葉であり、版図の意味合いを強く帯びている。それにもかかわらず、その訳語として帝国を当てはめてしまったために、対外膨張を表すインペリアリズム(imperialism)も帝国主義となってしまったのだ。

帝国主義が侵略批判という視点で無視できない重要な概念であることは間違いない。しかし、一定の感覚や価値観を前提として過去を断罪する手法は、歴史の実像を描出するうえで有効とは限らないし、むしろ阻害になることもある。少なくとも大日本帝国や大韓帝国が経た歴史を考察するためには、帝国本来の意味に立ち返り、皇帝という存在に着目する必要があろう。その意味で、大日本帝国のなかの旧大韓帝国皇室たる王公族は見逃せない重要な存在である。

皇帝は独立国の証

日本が海外に向けてはじめて帝国を名乗ったのは幕末である。一八五八（安政五）年に結んだ日米修好通商条約の前文に「帝国大日本大君と亜墨利加《あめりか》合衆国大統領と親睦之意《しんぼくのい》を堅くし」と明記された。一八八六（明治一九）年には国立の高等教育研究機関に「帝国大学」の名を付けている。台湾を領有する九年も前であった。

明治に入って近代日本は国号を正式に定めてはいないが、一八八九年に公布した明治憲法は第一条で「大日本帝国は万世一系の天皇之《これ》を統治す」と謳《うた》っている。しかし、外交上は日本国、大日本国、日本帝国などを混用していた。これを問題視した衆議院議員の熊谷五右衛《くまがいごえ》門《もん》らが建議書を提出して大日本帝国に統一するよう訴えたのは一九三四（昭和九）年三月になってからのことである。

このとき外務省は研究報告書を作成し、次のような理由で国号表記の統一に反対した。

「○○帝国」というのは元首が皇帝（天皇）であることを明示するものであり、相手国が王制または共和制等の国体を表す語を条約中に入れる場合に、日本側も「日本帝国」を用いてきた。だが「日本帝国」に固定してしまうと、「日本帝国皇帝陛下」は「皇帝の国の皇帝陛下」という意味になり、元首（国体）の明示が重複してしまう。

すなわち、文書起草上に不都合が生じるので、状況に応じて適切な名称を使い分けるべきとの反論であった。しかし、外務省は枢密院からの執拗《しつよう》な圧力に屈し、翌年七月に通達書を出して国際条約に記載する国号を「大日本帝国」で統一すると宣言している。

韓国が帝国を称する過程は日本よりも明快で期間も短い。一九世紀末まで朝鮮王朝は中華皇帝の徳を慕って朝貢《ちょうこう》する清《しん》の冊封《さくほう》国であり、皇帝を戴《いただ》くことはできなかった。君主は中華皇帝に認められた王称しか名乗れなかったのである。

しかし、清は一八九五年に日清戦争の講和として締結した下関条約で朝鮮王朝の「独立自主」を承認した。これを受けて朝鮮王朝の沈舜沢《シムスンテク》議政大臣（首相）は、冊封時代に用いた朝鮮の号は「堂々たる帝国」としてふさわしくないと提言している。国王はこうした閣僚の意見に耳を傾け、一八九七年一〇月一一日に国号を「大韓」に改め、翌一二日に皇帝に即位、ついで九九年八月に制定した大韓国国制の第一条で、大韓は「自主独立の帝国である」と宣言した。翌月に締結した韓清通商条約では、調印者朴斉純《パクチェスン》外部大臣（外相）の所属が、「大韓国」ではなく「大韓帝国」となっている。

　幕末の日本も、清との宗属関係から脱したばかりの大韓も、帝国を自称した。もちろん日本が用いた「帝国」に領土拡大の意味がまったくなかったわけではない。しかし元来、日本や大韓はアジア諸国の皇帝に対する特別な意識に依拠して帝国を名乗っていたのであり、帝国主義の帝国とは一線を画す。

　朝鮮半島南部に位置する慶尚北道の両班《ヤンバン》（支配階級、特権貴族）であった朴得寧《パクトゥンニョン》が、日本による韓国併合時に日記のなかで悲嘆したのは国の滅亡ではなく、太皇帝が李太王、皇帝が李王に地位を落とされたことについてであった。皇帝の喪失が独立国としての名分の消滅を意味し、わざわざ亡国に言及する必要がなかったのであろう。大韓帝国の知識人にとって皇帝の存否が重要だったのである。

「家」という枠組み

　本書は帝国をキーワードに王公族を叙述していくが、「国」だけでなく「家」という枠組みにも着目する。

　韓国併合時に大韓帝国皇室の嫡流である皇帝、太皇帝、皇太子は王族となり、傍系は公族となった。この二つの身分を合わせたものが王公族である。

このうち、旧大韓帝国皇帝たる李王は李王家という家を創立し、公族となった李《り》《イ》堈《こう》《ガン》公と李《り》《イ》熹《き》《ヒ》公もそれぞれ李堈公家、李熹公家を立てた。王公族は「国」の次元からみれば旧大韓帝国の皇帝およびその一族として天皇に対立しうる存在であったが、それと同時に、大日本帝国のなかで「家」を維持していかなければならない立場にもあったのである。一家の当主としては、必ずしも日本からの独立が目的にはならず、安住のための従属を重視し、有力な日本の家との姻戚関係や天皇への忠誠を選択したという仮説も考慮しなければならない。

本書では宗主国対植民地という二項対立の帝国主義史観とは距離を取りながら王公族をみていきたい。

第1章では、伊藤博文《いとうひろぶみ》の統監時代から韓国併合に至る過程を概観し、どのような議論のなかで王公族が創設されたのかを明らかにする。

第2章では、いつ誰がいかなる規定にもとづいて王公族と見なされたのか、個々人の経歴とともにみていく。

第3章では、王公族の葬送儀礼や実録といった史書の編修に際して、大韓帝国の「皇帝」だった過去がどのように処理されたのかを考える。

第4章では、戦時中に軍人としての義務を果たし、戦後に日本国籍を失った王公族各人の生きざまに光を当てる。

基本的に奇数章では朝鮮統治に、偶数章では王公族の動向に重点を置く。

先述したとおり、韓国併合時に太皇帝は李太王、皇帝は李王の尊称を得て日本の王族となった。それぞれ高宗、純宗として知られる人物である。最近では少なくなったが、以前は論文などで李太王や李王という言葉を使うと、カギ括弧を付けて「李太王」「李王」と表記するよう注意されることがあった。たぶん日本が押しつけた仮の名だから、そのまま使うのはふさわしくないという指摘なのだろう。しかしそれならば、高宗や純宗も等しく「高宗」「純宗」としなければならない。これらも韓国併合後に日本が付けたものだからだ。

「○宗」や「○祖」というのは廟号《びょうごう》であり、祖先の霊を祀《まつ》る廟に載せるための名である。当然ながら死後に付与するのであって、生前に廟号で呼ぶことはない。高宗と純宗は李太王と李王が薨去《こうきょ》した六日後に、宮内省の一組織である李王職《りおうしょく》が案出したものである。高宗のほかに神宗と敬宗、純宗のほかに敬宗と誠宗の案があった。

『コンサイス外国人名事典』（第三版）では高宗の欄の冒頭で「李朝第26代の王」と説明し、「李太王は日韓併合後つけられた名称」としている。これでは高宗が本来の呼称であり、併合以前から用いられていたかのような誤解を与えかねない。

なお、当時の朝鮮人が李太王の呼称を忌避していたわけでもない。たとえば、金麟洙《キムインス》という保守的で抗日意識の強い儒学者が遺した『致斎《チジェ》日記』でも、「李太王殿下」という表記が散見されるからである。

*

本書は王公族がテーマなので、実際に呼称として使われた李太王や李王などはそのまま用いる。ただし、韓国併合以前に関しては慣例どおり高宗、純宗とし、天皇に関しても生前から諡号《しごう》(明治天皇など)で表記する。

なお、史料の引用などは読みやすさを考慮し、漢字カタカナ交じり文を漢字ひらがな交じり文にし、旧字旧かな遣いは原則として新字新かな遣いに改めている。

第1章　韓国併合と皇帝の処遇——廃位なれど臣従でなく

1　伊藤博文の対韓政策——文官が思い描いた理想

統監就任の決意

一八六八（明治元）年に明治維新が実現すると、日本政府は政権が交代した旨を朝鮮王朝に伝えるべく、対馬藩を介して国書を送った。しかし、清の冊封下にある朝鮮王朝は、国書に中華皇帝しか使えない「皇」や「勅」が用いられていることを理由に受け取りを拒み続けた。これに対して日本は事態を打開すべく、漢江の河口にある江華島近海に軍艦を派遣して挑発した。朝鮮軍の砲撃を受けた日本軍は各所の要塞《ようさい》を焼き払って占領し、一八七六年に日朝修好条規を締結して朝鮮王朝の門戸を開いた。

日本が江華島事件のときから朝鮮半島の植民地化を虎視《こし》眈々《たんたん》と狙っていたとみる意見は少なくない。しかし、当時は朝鮮王朝の宗主権を持つ清と、南方への領土拡大を目論《もくろ》む強国ロ

大韓帝国時代の漢城，1905年頃　左奥に独立門が見える

シアが睨《にら》みを利かせており、日本の出る幕はなかった。日本が本格的に半島への地歩を固めたのは、一八九四～九五年の日清戦争に勝利して清朝間の宗属関係を絶ち、一九〇四～〇五年の日露戦争に辛勝して大韓帝国の指導・保護・監理に対するロシアの干渉を排除してからだといえよう。

では、いつから韓国併合というものが現実味を帯びていったのであろうか。まずは初代統監に就任した伊藤博文の政策からみていきたい。

日本の初代首相を務め、すでに政界の重鎮となっていた伊藤は、日露戦争の講和条約締結から二ヵ月後の一九〇五年一一月、高宗皇帝を慰問するために特派大使の肩書で渡韓した。しかし、実際の目的は外交事務の委任を迫ることであり、一五日の謁見で高宗皇帝にその意を明文化した第二次日韓協約の締結を強要している。

高宗皇帝は国家が外交の形式を有さなければ、

同君連合のオーストリア＝ハンガリー帝国、もしくはアフリカの最劣等国に等しくなってしまうと述べて抵抗し、さらに一般人民の意向を調査する必要があると訴えて時間稼ぎを試みた。

しかし伊藤は、大韓国国制で君主専制を謳っていることを逆手にとり、皇帝が親裁すれば足りるとして機先を制した。これを聞いてひどく狼狽《ろうばい》した高宗皇帝は、「交渉妥協」に努める旨の勅命を朴斉純《パクチェスン》外部大臣に下すと言明する。「交渉妥協」は史料によって「協商妥弁」「商議妥協」と表現が異なるが、意味するところは交渉によって日本の譲歩を引き出し、可能なかぎり大韓帝国に有利な条件で協約を締結するということにあった。

一一月一六日、伊藤は韓圭卨《ハンギュソル》参政大臣（副総理）をはじめとする大韓帝国政府の閣僚と会って各自の意見を聞いた。それぞれ賛否を明確には述べなかったが、概括すると韓圭卨と権重顕《クォンジュンヒョン》農商工部大臣が締結に反対、李夏栄《イハヨン》法部大臣と李完用《イワニョン》学部大臣が賛成の態度であった。閣僚の意見がまとまらないまま、翌一七日午後三時には高宗皇帝の居所である慶運宮で御前会議が開催された。ここで八名の大臣は締結拒否を主張したが、高宗皇帝はそれを認めず、協約案を自国に有利な内容に修正したうえで締結するよう命じている。

大臣たちは伊藤と協議し、日本への委任を外交事務に限定するとともに、大韓帝国皇室の安寧《あんねい》と尊厳を維持するよう要求した。伊藤がこれを容れて協約案を修正すると、李載克《イジェグク》宮内府大臣と李址鎔《イジヨン》内部大臣が内殿に参内して高宗皇帝に奏上した。案文をみた高宗皇帝は、大韓帝国が独立を維持できる力を付けたときには協約を破棄する旨を明らかにするよう命じた。これを受けて伊藤は、修正案の前文に「韓国の富強の実を認むる時に至る迄《まで》」という一文を加筆している。かくして第二次日韓協約の文面が確定し、林権助《はやしごんすけ》特命全権公使と朴斉純外部大臣の調印によって成立した。

なお、協約に断固反対していた韓圭卨は涙を流して協議の途中で席を立った。西四辻公堯《にしよつつじきんたか》『韓末外交秘話』には、このとき伊藤が「余り駄々を捏《こ》ねる様だったら殺《や》ってしまえ」とささやいたという記述があり、第二次日韓協約の違法性、つまり個人に対する脅迫の論拠としてよく引用される。しかし、西四辻は序文で「朝鮮歴々の回顧談を骨子として余が特に纂録《さんろく》せしめたる処《ところ》にして、所謂《いわゆる》朝鮮人の併合観なり」と述べており、同書の記述はあくまで世間に広まった風説にすぎない。

深夜に宿所に戻った伊藤は、桂《かつら》太郎《たろう》首相に協約調印を報告する電報案を執筆した。素案の段階では統監として駐在させる外交官を早く任命するよう促す一文が入っていたが、最終的にその部分は削除される。この案文を東京に電報した秘書官兼通訳の前間《まえま》恭作《きょうさく》によると、伊藤は執筆中に心機一転し、自ら統監の任に就く決意をしたのだという。

こうして伊藤は一九〇五年一二月二一日に初代統監に就任し、翌年三月二日に大韓帝国へ渡った。

韓国併合の利益と不利益

伊藤は「合併の必要なし」「合併は甚だ厄介なり」という考えの持ち主であった。しかし他方で、よく知られているように、一九〇七（明治四〇）年の日露協約の交渉に際して、林《はやし》董《ただす》外務大臣宛に次のような電報を送ってもいた。

> 韓国に関する条項は本条約中に規定して発表し〔中略〕「将来の発展」なる語は「アネキゼーション」迄も包含する旨を明かにするを最も得策なりとす。〔中略〕韓国の形勢今の如《ごと》くにして推移せば年を経るに従って「アネキゼーション」は益《ますます》困難なるに至るべし。故《ゆえ》に今日に於《おい》て我意思の在る処を明かにし、予《あらかじ》め露西亜《ロシア》の承諾を得置かざるべからず。（「第一回日露協商一件」）

つまり伊藤は、併合反対のスタンスを取りながら、アネキゼーション＝併合の必要性を力説していたのである。こうした変節ととられかねない言動の背景には、日本が朝鮮半島を支配下に置くメリットとデメリットが大きくかかわっていた。

植民地と聞いてまず頭に浮かぶのは収奪である。しかし、大韓帝国の経済はすでに破綻《はたん》の危機に瀕《ひん》しており、封建制をとっていたかつての江戸幕府よりも財政規模が小さかった。朝鮮王朝の末期には王妃閔《ミン》氏《シ》が王室の威厳を誇示するために日夜賓客《ひんきゃく》を招いて宴会を催し、窮乏する財政をさらに苦しめる乱費を続けていた。一八九六年の歳入総額は、前年の繰越金を含めても五〇〇万元程度しかなかったのである。日本が大韓帝国を領有するとなると、収奪どころかむしろ多額の出費を覚悟しなければならなかったのであり、経済的にはデメリットだったといえよう。

伊藤は統監として渡韓する直前に原敬《はらたかし》ら閣僚の前で「韓国内の費用は韓国の歳入を以《もっ》て支弁《しべん》し、可成《なるべく》日本国庫の累《るい》をなさざる方針なり」(『原敬日記』一九〇六年二月四日)と述べており、金銭的な支援はできるだけ控える考えを言明していた。しかし、日本の負担は徐々に増していく。

一九一〇年に日本の一般歳出総額は五億七〇〇〇万円に満たなかったが、大韓帝国の経営費に一二〇〇万円を割いていた。

日本は結局、韓国併合によってこの経費から手を引けなくなり、朝鮮総督府の歳入だけで賄《まかな》えない朝鮮財政の不足分を一般会計から補塡《ほてん》し続けた。その額は一九一一年と一二(大正元)年が各一二三五万円で、以後毎年一〇〇万～二〇〇万円ずつ減額する計画であったが、二〇年以後増加に転じ、三九(昭和一四)年には一二九〇万四三一三円となる。三五年間の朝鮮統治で補助金が不要な年は一九一九年の一年だけであった。物価を考慮すれば負担は漸減していたのだろうが、赤字を解消するには至っていない。台湾が日本への編入からわずか一〇年で補助金を辞退するまで経済的に発展し、宗主国に金銭的な利益をもたらしたのとは対照的である。

日本は併合によって大韓帝国の借金も背負うことになった。一九一〇年に大韓帝国には四五五九万一〇六円の債務があったが、うち日本政府からの無利子立替金および金融資金債計一四七八万二六二三円は併合によって償還されなくなり、それ以外の返済義務は朝鮮総督府が引き継いだ。このほか貨幣整理で生じた一一七二万六七三八円の負債は、日本の貨幣整理資金特別会計に組み込まれ、日本政府が負担した。

貿易面でも併合による利益はほとんどなかった。イギリスが経済的譲歩と引きかえに併合を承認したように、日本は西欧列強に優遇策を提示して賛同を得なければならなかったからである。実際に、日本政府は併合方針を閣議で確認したときから朝鮮の関税率を当分の間据え置くと決定している。それゆえ、各紙は「併合の為に好影響を受くるよりも寧《むし》ろ悪影響を受くること大なるべし」（『万朝報《よろずちょうほう》』一九一〇年八月二九日）、「我が国庫に補充金の増加を求むることは之を避けざる可《べ》からず」（『東京経済雑誌』一九一〇年一〇月八日）と批判した。

当時、朝鮮半島で綿貿易に携わっていた西原亀三《にしはらかめぞう》は、併合条約の公布日に日記のなかで関税据え置きに触れ、「実に無意味の合併と云《い》え可《べ》し」（『西原亀三日記』一九一〇年八月二九日）との不満を吐露している。財界や言論界では併合による財政負担増を非難する声が少なくなかったのである。帝国主義を主眼において歴史を論ずれば、領土と市場の拡大が無条件に前提となってしまうが、事はそれほど単純ではなかった。

国防上の価値

日本が経済を度外視してでも大韓帝国を支配下に置くメリットは国防にあった。西欧列強がいつ攻め入ってくるかわからない弱肉強食の時代に、できるだけ遠くに国境線を引かなければならないという危機意識があったからだ。特に北方にはロシアという明確な仮想敵国が存在したため、朝鮮半島の確保は喫緊《きっきん》の課題であった。

日本陸軍の基礎を築いた山県有朋《やまがたありとも》は早くからロシアの脅威を認識していた。一八八九（明治二二）年にはウィーン大学の政治経済学者ローレンツ・フォン・シュタインに師事し、ロシアの脅威から日本を防衛する術《すべ》を尋ねている。シュタインは、ロシアが朝鮮半島に南下して東海岸の元山《ウォンサン》あたりに海軍基地を建設すれば、日本の進退は極まると助言した。このとき山県は日本の主権が及ぶ範囲を「主権線」といい、朝鮮半島は「主権線」の存亡を握る「利益線」であることを学ぶ。そして、この考えを一八九〇年の第一回帝国議会で披瀝《ひれき》し、国防の重要性を訴えた。

日本は日露戦争にかろうじて勝利し、結果的に「利益線」の確保に成功する。しかし、その後もロシアの動きは楽観できなかった。ロシアの海軍は壊滅したが、陸軍の主力は健在だったからである。しかも、一九〇六年に駐韓ロシア総領事のプランソンは関係各国に送った公文のなかで、大韓帝国は依然独立国であるという認識を表明し、日本を飛び越えて直接大韓帝国の宮中と交渉しようとしていた。これに激怒した伊藤統監は、西園寺公望《さいおんじきんもち》首相兼外務大臣に関係各国の対応を探るよう依頼している。また彼は同年五月に華族会館で開かれた地方官との懇談会でも「露国未《いま》だ韓国の地位を認めざるにより国際交渉中なり」(『原敬日記』一九〇六年五月七日)と述べて警戒を強めていた。

しかし、それでも伊藤は二ヵ月後の七月一二日に開かれた施政改善協議会で大韓帝国政府閣僚に向けて「日本は韓国を併呑《へいどん》し巨額の経費を消費して自ら之を統治するの愚《ぐ》を学ばんよりは、寧ろ韓国を興《おこ》して隆盛の域に導き、韓国人をして完全に自国を防衛せしめ、之と同盟して以て我が国の安全を図らんと欲する」と語っていた。ロシアへの警戒を各方面で表明していたこの時点でもなお、経済的負担を甘受《かんじゅ》してまで大韓帝国を併合する気はないと表明していたのである。

ところが、先に触れたように、伊藤は翌一九〇七年に進められた日露協約の交渉過程で、林董外務大臣に「アネキゼーション」の可能性を明確にするべきだと突如として提起した。伊藤はこのとき「韓国問題を根本的に解決する」という決意を述べており、国防上の「利益線」を確実に手中に置くためには経済的負担も辞さなかったといえよう。本野一郎《もとのいちろう》駐露公使も「韓国に於《おい》て静穏なる状態を確立せんとするには同国を我国に併合するの外《ほか》なし」「韓国は到底日本にて合併せざるを得ざる時機到来すべし」と覚悟しており、モンゴルの支配に関してロシアに相当譲歩してでも「韓国問題を全然解決し置く方得策なるべし」(「第一回日露協商一件」）と林外務大臣に報告していた。

しかるに、林外務大臣は伊藤の意見に関して「露国に於て結局之に同意せざるときは我は進退に窮する」と判断し、併合の明示を容認しなかった。これ以後、伊藤が明確に併合を口にした事例は見当たらないので、「アネキゼーション」発言は異例中の異例だったといえよう。

大韓帝国の財政健全化

大韓帝国を日本の防波堤として利用するためには施政改善が不可欠であった。そしてその前提として宮中の改革は避けて通れなかった。大韓帝国は近代的な制度を整備せずに君主専制だけを認めたため、皇帝が財政を恣《ほしいまま》にする「家産《かさん》国家」となっていたからである。たとえば、一八八三年に設置した典圜局《てんかんきょく》（造幣局）は中央銀行を置かないまま運営された。高宗皇帝はこれを私物化して貨幣を乱発したため、市場は混乱し、利権をめぐる政争も後を絶たなかった。一九〇四（明治三七）年一〇月から大韓帝国の財政顧問を務めた目賀田種太郎《めがたたねたろう》や林権助公使はこうした実態を問題視し、早々に典圜局を廃止している。

その後、伊藤が統監に就任すると宮禁令を発布し、一定の官職を有する者以外が宮中に出入りするときには規定の門票の提示を義務づけた。これは皇帝と巫者《ふしゃ》の間で繰り広げられる売官行為や外国人との謀議を防止する目的があった。

さらに伊藤は、統監府総務長官の鶴原定吉《つるはらさだきち》、統監府参与官の小宮三保松《こみやみほまつ》、財務官の井上雅二《いのうえまさじ》らを宮内府に送り込み、宮中改革に取り組んだ。当時の宮内府は大臣官房のほか、侍従院、掌礼院、内蔵院など二〇余りの院司が並立し、相互に事務の連絡を欠くだけでなく、会計も独立して小官庁の集合体といえる状態になっていた。しかも宮中は国庫から皇室費が支給されているにもかかわらず、徴税の一主体となって雑税を取り立てるという有様であった。

そこで伊藤は、宮中と府中（政治）を分離するために官制を改正して、皇室に関する一切の事務と所属官吏の監督は宮内府大臣が執り行うとし、これに加えて四四〇〇名ほどの冗員《じょういん》を罷免した。一九〇七年七月には「臨時帝室有及国有財産調査局」を設置し、皇室財産と国有財産を分けて整理に取りかかった。この施策は、日本で明治憲法の発布前に行った皇室財産の設定によく似ている。日本の場合は、議会の予算審議権に左右されない皇室経済の確立が目的であったが、大韓帝国の場合は、「腐敗の源泉」たる宮中が国庫に手を出すのを防ぎ、国家財政を健全化するという意図のもとで行われた。

一一月に宮内府収租官を廃止し、一二月には宮中が握っていた紅蔘《ホンサム》（高麗人参《こうらいにんじん》）専売事業のほか、雑税の徴収権を国庫に移した。土地に関しても宮殿、宗廟、陵園墓、駅屯土《えきとんど》（宿駅付属の田畑）の一部を除いてすべて国有とした。

一九〇八年一月には勅令第二号にもとづいて調査局の委員を増やし、民有財産と帝室・国有財産の間で生じた係争を審査する一種の行政裁判権を付与した。翌年五月には宮中債務の支払いを終え、皇室財産の整理が完了する。

一連の改革によって毎年の皇室費が減少することはなく、七二万円から一五〇万円へとほぼ倍増した。以前の宮中は年額二〇〇万～三〇〇万円の経費を捻出《ねんしゅつ》しており、財貨を豊富に有しているようにみえたが、実際は皇室費で足りない部分を雑税などで穴埋めし、ずさんな経理によって処理していただけであった。

この改革で設定された一五〇万円の皇室費は、併合後も王公族の歳費としてそのまま支給されることになる。同時期における日本の首相の年俸が一万二〇〇〇円ほどであったこと、一九二七（昭和二）年時の一一宮家の皇族歳費を合計しても八〇万円に満たなかったことを考えると、いかに巨額であったかがわかる。つまり、日本は保護期の宮中・宮内府改革によって、かえって併合後の金銭的負担を増やしてしまったのである。

もし伊藤が併合を前提に保護政策を実施したならば、コストと労力をかけてこのような改革など行わなかったであろう。経済的なリスクがある大韓帝国を併合することは、選択肢の一つになりえても、理想ではなかったのだ。

高宗の抵抗と伊藤の威圧的態度

高宗皇帝は伊藤が渡韓する前から自身の既得権益が奪われることを警戒し、一九〇五（明治三八）年一一月二九日の時点で李載克宮内府大臣を通じて要求覚書なるものを統監府に提出していた。それは文明の模範にならって弊害を矯正《きょうせい》するよう謳ってはいるが、内実は宮中に改革のメスを入れぬよう懇願するものであった。

たとえば、①皇室費は宮内府が予算を編成して政府に要求するのではなく、定額を定めて宮中に一任すること、②皇室所属の鉱山・紅蔘事業や宮陵園に属する田土はこれまでどおり宮中が管理すること、③宮中の財政や財産に政府の財務顧問が干渉しないこと、などを要請していた。

しかし、伊藤はこのような求めに一切理解を示さず、前述のように着々と宮中改革を進めた。これにより、高宗皇帝は国庫に手を出せなくなり、権限が大幅に縮小してしまう。保護国化と内政干渉に憤った高宗皇帝は、一九〇七年六月にオランダのハーグで第二回万国平和会議が開かれることを知ると、密使を派遣して日本の圧政を世界に訴えるべく画策した。

しかし、大韓帝国には外交権がないため、国際会議に使者を派遣しても相手にされなかった。それどころか、高宗皇帝は日本の面子《めんつ》をつぶして怒りを買い、自らの首を締めることになる。

外務省の報に接した伊藤は、密使が勅命にもとづくものなのかを気にし、もしそうならば税権や兵権あるいは司法権を掌握する好機ととらえた。宮中が徴税の主体となったり、皇帝が特赦を乱発して裁判結果を無効にする現状を常々憂慮していたからである（「朝鮮ノ保護及併合」）。

伊藤は七月三日に高宗皇帝に拝謁した。ところが、密使事件について一言も語ることなく退出し、東京の外務省に届いた電文を礼式課長の高義敬《コヒギョン》に見せ、「日本に反抗せんとせば公然之を敢行せよ、我亦《また》敵手たるを辞せず」(『亡国秘密』)と短く告げて立ち去っている。さらに李完用首相を通じて皇帝に、密使派遣は公然と敵意を示し、協約に違反する行為であるから、日本は大韓帝国に対して宣戦の権利があると告げた。皇帝が「朕《ちん》が与《あずか》り知る所に非《あら》ず」と弁明しても、使者が委任状の所持を公言していることなどをあげて「最早《もはや》虚言を弄《ろう》して取消すべきに非ず」(「日韓協約締結一件(韓帝譲位一件)」)と断じている。

ただし、伊藤は威圧的な態度をとりつつも、譲位には否定的であった。李完用が「国家と国民とを保持せば足れり。皇帝身上の事に至りては顧《かえりみ》るに遑《いとま》なし」と述べて譲位を匂《にお》わしたときには、「尚《なお》熟慮すべし」と釘《くぎ》を刺している。さらに、林外務大臣に向けて、「譲位の如きは本官深く注意し、韓人をして軽挙事を過《あや》まり、其の責を日本に帰せしむる如きは固《もと》より許さざる所なり。此の点に付ては御安心ありたし」(「日韓協約締結一件(韓帝譲位一件)」)と電報を送っている。日本国内でも元老の松方正義《まつかたまさよし》や政府閣僚は慎重な姿勢をとっており、明確に譲位を提起したのは寺内正毅《てらうちまさたけ》陸軍大臣くらいであった。

君主よりも社稷を重視

しかし、高宗皇帝を施政改善の最大の障害と考えていた李完用や、日本の真意を忖度《そんたく》した大韓帝国の閣僚らは、譲位に向けて動き出す。まず宋秉畯《ソンビョンジュン》農商工部大臣が、皇帝はこれまで日本の「信義」に背《そむ》くたびに「朕、関せず」と述べて罪を重臣に転嫁してきたと非難し、東京に赴いて謝罪するよう進言した。七月一七日に閣僚一同が参内したときには、李完用が皇帝に「社稷《しゃしょく》重しと為す。君軽しと為す」と述べて位を退くよう迫っている。

社稷とは土地の神と五穀の神を指し、皇帝や王が行う祭祀《さいし》によって維持される。李完用は東アジアで国を意味する社稷を守るために、実体としての君主ではなくその形式（祭祀を行う地位）が重要だと考えた。すなわち、皇帝の地位にある一個人としての高宗とともに国が心中するのではなく、日本の怒りを抑えるために高宗だけを排除し、皇帝という肩書だけは守ろうとしたのである。高宗皇帝は李完用の発言を聞いて怒り、「朕は死すとも退位せず」と述べて内に引きこもってしまった。

翌日、高宗皇帝は閣僚の要求にどう対応すべきか伊藤に意見を求めた。これに対して伊藤は「譲位問題は陛下御一己《いっこ》の事にして日本の統監は斯《か》かる事に答うるの要なし」と冷たくあしらい、日本が直接関与することを避けている。その後、閣僚一同が参内し、宋秉畯が「願くば皇帝死せよ、陛下の死によりて国と宗廟とは生きん」（『亡国秘密』）と極言すると、高宗皇帝は夜半になってついに譲位勧告に応じ、詔書を出した。しかも、七月一九日午後七時頃に趙重応《チョジュンウン》を勅使として伊藤統監のもとへ派遣し、「愚昧《ぐまい》」なる臣民が譲位の意味を誤解して暴動を企てるかもしれないので、状況に応じて鎮圧するよう依頼している（「日韓協約締結一件

〈韓帝譲位一件〉」)。

ところで、高宗皇帝が出した詔書の文面は「軍国大事を皇太子に代理せしむ」となっており、譲位の意を明示していたわけではなかった。そこで、李完用、趙重応、李載崐《イジェゴン》の三大臣は七月二一日午後九時半に新帝純宗に拝謁し、旧帝高宗へ「太上皇帝」の称号を付与するよう奏請した。高宗が退位した事実を明確にしようとしたのである。三大臣は純宗の傍《かたわ》らにいる高宗の妨害にあったが、粘り強く奏請し、「上」をとって「太皇帝」にするという案でようやく折り合いをつけた。純宗は未明になってこの称号を父に付与している。

日本政府の閣僚の一人であった原敬は、大韓帝国側が譲位を強行した理由を測りかねたのであろう。日記のなかで「我国に対する謝罪の意味と又難局を避くるの意味に起こりたる事ならん」(『原敬日記』一九〇七年七月二〇日)との感想を記している。

軍隊解散の意図

一九〇七年七月二四日、伊藤統監は李完用首相と第三次日韓協約を締結して高級官僚の任命権、司法権、監獄事務を掌握し、裁判長、検事、各部次官、警務局長、看守長、その他官吏に日本人を登用できるようにした。

ついで八月一日には宮中守衛の一大隊を残して大韓帝国の軍隊を解体している。ただし、これは規律を欠く傭兵《ようへい》制を改めて徴兵制を布くための過渡的な措置にすぎず、併合を前提とした準備とはいえない。

実は大韓帝国では一九〇三年当時の経常歳出九六九万七〇〇〇元の約四三%にあたる四一二万三〇〇〇元を軍事費が占めており、財政紊乱《びんらん》の原因となっていた。しかも解散時の兵員は一万人に満たない貧弱なものであった。軍隊は統監府設置以前から改革すべき部門として注目されていたのである。

日本政府は大韓帝国の軍隊が傭兵によって編成されているために、「義勇奉公の念に富める」若い兵士を確保できず、軍事の素養を身に付けた士官が育たないと分析していた。また先述のとおり、伊藤は経費負担を抑えつつ日本の国防を実現するために、まずは大韓帝国の自衛力を養成し、そのうえで同盟を結ぶという構想を描いていた。それゆえ、高宗から純宗への代がわりを機に徴兵制を施行する準備に着手したのである。

純宗皇帝も詔書で「現在の軍隊は傭兵を以《もっ》て組織し、国家完全の防衛を為《な》すに足らざるを以て〔中略〕一時之《これ》を解散し、他日《たじつ》徴兵法に依《よ》る有力の軍隊を編制すべし」（『朝鮮駐《ちゅうさつ》剳軍歴史』）と訴えていた。

皇太子李垠の東京留学

純宗皇帝は、一九〇七年八月二日に高宗太皇帝の長寿を祈念して居所の慶運宮を徳寿宮と改称し、元号を隆熙《りゅうき》と定めた。さらに、同月二七日に徳寿宮の惇徳殿で即位式を行い、九

伊藤博文（左）と皇太子李垠，1908年

月七日にはまだ一〇歳に満たない異母弟の英王李垠《りぎん》《イウン》を皇太子に冊立《さくりつ》している。

長幼の序にもとづくと、李垠よりも二〇歳も年長の義王李堈《りこう》《イガン》が皇太子になるはずであった。しかし、李堈は品行などの面で問題があったため、皇位継承者から外されている。ハングルの制定で有名な世宗も奔放な性格の長兄譲寧君《じょうねいくん》に代わって世子《セジャ》（王位継承順位の筆頭）になっているので、必ずしも特異な事例ではない。

伊藤は九月一六日に皇居に参内して、明治天皇に嘉仁《よしひと》親王（のちの大正天皇）の大韓帝国行啓を内奏した。すでに純宗皇帝の内諾を得ていた李垠の東京留学をスムーズに実現するため、まずは日本の皇太子が大韓帝国を訪問するという手順を踏んだのであろう。明治天皇は大韓帝国の治安がいまだ悪いことに懸念を示したが、有栖川宮威仁《ありすがわのみやたけひと》親王が同行するという条件で勅許を下した。

一〇月一〇日に東京を出発した嘉仁親王は、桂太郎陸軍大将や東郷平八郎《とうごうへいはちろう》海軍大将を随《したが》えて一六日に仁川《インチョン》に到着し、宿所の統監官邸に入った。翌日には純宗皇帝を訪問し、明治天皇に代わって大勲位菊花章頸飾《きっかしょうけいしょく》を贈進している。

一一月一九日、純宗皇帝は統監の進言にもとづいて李垠に東京留学を命じる詔書を発し、さらに伊藤を皇太子の教育係である太子大師に任命した。韓国併合を予定調和としてとらえる場合、この留学は「人質」と論じられる傾向がある。しかし、朝鮮総督府司法部長官や王公族審議会総裁を歴任した倉富勇三郎《くらとみゆうざぶろう》は、当時の伊藤の考えについて次のように証言している。

伊藤公は韓国を併合する積《つも》りには非《あら》ざりし様なるに付、当初の考えは〔李垠を〕永久東京に住《じゅう》せしむる積りには非ず。単に日本に親善なる韓国君主と為《な》らしむる趣旨なりしならんと思わる。

（『倉富勇三郎日記』一九二二年一〇月二八日）

伊藤の主眼は大韓帝国の宮中を近代化し、君主が西欧列強や清にすり寄って日本の障害にならないよう改革することにあった。大韓帝国を日本に併合してしまえば不安を取り除けるが、経済的な負担を覚悟しなければならない。そうしたジレンマを解決するべく、皇太子李垠を東京に留学させて次期皇帝を親日的で近代的立憲主義を理解する英明君主として育成し、大韓帝国を分離したまま日本の「利益線」を合理的に確保しようとしたとみるべきであろう。
李垠の世話係を務めた高義敬も、伊藤は大韓帝国の宮中では適当な教養を身に付けられないことを懸念し、李完用首相の賛同を得たうえで純宗皇帝に内奏して留学を実現したと証言している。また高義敬は、伊藤が李垠を将来の君主として見込んだ理由について次のように説明している。

故伊藤公が韓国の宮廷に出入せし際、〔李垠〕殿下が初めて公と逢《あ》いたるとき、何等《なんら》の臆《おく》する所なく進み出で自ら公と握手せしに、其《その》握手の強固なりしこと先《ま》ず公の心を動し、此児《このじ》教養其宜《そのよろし》きを得ば必ず見るべきの人とならんと心窃《こころひそか》に感ぜしに始まる。是《こ》れ其頃親しく公より聞く所なり。
(『修養宝鑑明治両陛下聖徳記』)

本来ならば、伊藤は第二代皇帝の純宗に期待するべきであろう。しかし、純宗は一八九八年に宮中の政争に巻き込まれてアヘン入りのコーヒーを飲んでしまい、胃潰瘍《いかいよう》や萎縮腎《いしゅくじん》を併発するとともに、子ももうけられなくなっていた。民衆の目に映る姿はとても健常者とはいいがたく、「朝鮮近代文学の祖」として知られる李光洙《イガンス》は、純宗皇帝をして「白痴」と表現している(『나의《私の》 告白』)。伊藤のまなざしは自然と次の世代に向けられ、純宗皇帝は幼い

皇太子が成長するまでの中継ぎとなった。

李垠は一九〇七年一二月五日に仁川から軍艦満洲丸《まんしゅうまる》に乗って日本へと向かい、七日に下関に上陸、京都を経て一五日に東京に入った。このとき明治天皇は、下関に岩倉具定《いわくらともさだ》侍従職幹事を派遣し、嘉仁親王や有栖川宮威仁親王に新橋停車場での迎接を命じている。李垠が一八日に皇居へ参内したときには、天皇自らが皇后とともに鳳凰《ほうおう》の間（表謁見所）の入口で出迎えるという異例の対応をとった。天皇はさらにその二日後に李垠が仮の宿所として利用する芝離宮を訪問し、手ずから御紋付の金時計を贈っている。

明治天皇は李垠の日本語習得の助けになるようにとの考えから、毎週日曜日に竹田宮《たけだのみや》、北白川宮《きたしらかわのみや》、朝香宮《あさかのみや》、東久邇宮《ひがしくにのみや》を交代で麻布鳥居坂《とりいざか》の李垠邸に派遣した。これは李垠が皇族と親交を深めるきっかけとなる。また、李垠と嘉仁親王は非常に仲がよく、隔月で相互に赤坂の東宮御所と鳥居坂の邸宅を訪問し、ビリヤードなどを楽しんだという（『修養宝鑑明治両陛下聖徳記』）。

純宗皇帝の全国巡幸

李垠は一九〇八年八月三日に横須賀軍港を視察し、八日から関西に入って大阪兵器製造所や大阪造幣局をめぐった。さらに翌年八月には、官民の熱狂的な歓迎を受けつつ、東北や北海道を行啓し、機械農業などを見学した。伊藤は李垠が英明君主として成長することを期待し、見聞を広める機会をたびたび作ったのである。

しかし、中継ぎの純宗皇帝を放っておいたわけではない。伊藤は明治天皇が維新直後に各地を行幸して権力の強化と国民の統合を図った事例を参考に、純宗皇帝の全国巡幸を李完用首相に提案した。

李完用の奏請を受けて純宗皇帝は計画に賛同し、一九〇九年一月七日から一三日にかけて大邱《テグ》、釜山《プサン》、馬山《マサン》などの南韓、一月二七日から二月三日にかけて平壌《ピョンヤン》、新義州《シニジュ》、開城《ケソン》などの北韓を視察した。王は宮廷から一里の外に出ないという朝鮮の伝統的因習を破る画期的な出来事であった。南韓巡幸では皇帝にならって断髪する両班が続出するなど、好意的な反応がみられた。しかし、北韓では巡幸の目的が皇帝を日本に連れ去ることにあるという噂が広まり、爆弾騒ぎや伊藤の暗殺計画などが露見した。

南北巡幸が終わった直後に伊藤は統監辞任の意向をもらしている。だがこれは、巡幸で排日の雰囲気を目撃したこととは関係ない。すでに一九〇八年末から辞意をほのめかしていたからである。伊藤は一九〇七年に副統監のポストを設けて自身の対韓方針に理解を示す曾禰《そね》荒助《あらすけ》を任命しており、時宜《じぎ》を得て統監の地位を譲るという「下心」を持っていた。統監府の書記官や参与官などを経て朝鮮統治に直接従事することになる小松緑《こまつみどり》は、副統監の設置から伊藤の辞任までに一年半もかかったのはむしろ遅すぎたほどであると回顧している。

原敬によると、西園寺公望はなかなか日本に戻ってこない伊藤に「朝鮮《（ママ）》に対して宜《よろ》しからんも我国憲政の為めには内地に居るを可とす」と説き、伊藤もそれに同意していたという。先述のとおり、施政改善の肝である宮中改革に目処《めど》がついたのが一九〇九年初頭のこの時期であった。したがって、ようやく肩の荷が下りたために国内政治へ復帰したというのが統監辞任の理由であろう。

ちなみに、日本にとって巡幸時の民衆の反応は意に介するほどのものではなかったと思われる。純宗皇帝をはじめとする旧大韓帝国皇室は併合直後にも「旅行」と称して京畿《キョンギ》道、元山、咸興《ハムン》方面をめぐっているが、朝鮮総督府などがそれに難色を示した様子はみられないからである。

次期統監の選定をめぐる攻防

日本政府はこれまで対韓政策を伊藤統監に一任してきたが、施策が穏健すぎるという批判もあり、次期統監には政府の訓令に従わせる考えがあった。そこで、伊藤の辞任が現実味を帯びてくると、曾禰副統監の意思を確認する資料として第一号方針書が倉知鉄吉《くらちてつきち》外務省政務局長の手によって作成されている。全二ヵ条で、「韓国を併合し之を帝国版図の一部となす」と明記されていた。桂太郎首相と小村寿太郎《こむらじゅたろう》外務大臣は、伊藤との意見対立を避けるために、まずは第一号方針書を伊藤に提示することにした。二人は「反対の言葉を受けるに違いない」（『韓国併合の経緯』）と警戒していたが、伊藤は意外にも同意する。

伊藤は併合論に屈した、もしくは併合を前提に保護政策を行ったと評される要因はこの一件にある。

しかし、それは少し短絡的な見方であろう。第一号方針書は併合に言及してはいるが、実施に関しては「適当の時機」と曖昧にしか示されておらず、いくらでも遷延《せんえん》できるペンディングの内容であった。ここで重要なのは、第一号方針書が次期統監を選定するための資料だったことである。伊藤は併合に頑強に反対して自分の意志を継ぐ曾禰が次期統監になれない事態だけは避けなければならなかった。それゆえ、勝ち目のない戦いに正面から応じるのではなく、面従していったん後継者を確保するという政治的判断から第一号方針書に同意したとみるべきであろう。

この会談から四日後の四月一四日、桂は伊藤に配慮して後任には曾禰を就けることを山県に相談し、山県も曾禰を統監にするしか仕方がないとの考えを示した。これにより、伊藤は二ヵ月後の六月一四日に統監を辞任し、曾禰を第二代統監にする野心を実現する。統監の交代に際して桂、伊藤、曾禰は会合し、今後の対韓政策は「名を棄てて実を採り、ここ七八年は形勢を観望すべし」との密約を結んだ。それゆえ、七月六日に閣議決定した「韓国併合に関する件」でも併合の期日は明示されず、時機が到来するまでは保護政策を続けることを確認している。

伊藤は辞任と同時に山県を継いで枢密院議長になった。枢密院とは天皇の意向にもとづいて重要法令や条約を審議する諮問機関である。政府が併合を実施しようとしても朝鮮総督府の設置、財政処理に関する法律、併合条約案などを否認してブレーキをかけられるポストであった。

曾禰は伊藤の保護路線を継承し、大韓帝国内で「日韓合邦論」を唱える一進会《いっしんかい》とも一定の距離を保った。しかし、後述する伊藤の暗殺によって情勢は変わる。日本の最高実力者になった山県をはじめとして、寺内ら陸軍閥が対韓政策を主導するようになったからである。

山県は大韓帝国の民衆について「進取の気象に乏しく偸安姑息《とうあんこそく》〔目先の安楽を求めること〕、飽食して則《すなわ》ち眠るの風習」があり、「此の国を助けて独立の名と実とを全くせしむるは寔《まこと》に至難の業」（「朝鮮政策上奏」）との考えを持っていた。したがって、伊藤が目指した日本の保護下での近代化などという悠長な政策ではなく、西欧列強に取られる前に日本が完全に統治権を掌握する途を選択した。より確かな国防のために経済的なリスクは黙殺されたのである。

2　王公族の誕生——条件は「大公」ではなく「王」

安重根を「凶徒」と表現

一九〇九（明治四二）年一〇月二六日、伊藤博文はロシアのココフツォフ大蔵大臣との会談のために午前九時着の汽車でハルビンを訪れた。初対面の二人はサロン車であいさつを交わし、プラットホームに降りてロシア軍守備隊を閲兵した。伊藤が安重根《アンジュングン》の凶弾に倒れたのはその直後である。

伊藤の死を受けても世界の韓国系新聞はおおむね静穏であった。しかし、ハワイの『新韓国報』だけは安重根を古今に比のない「烈士」と讃え、伊藤を「韓国併呑の日本の野心代表」と舌鋒《ぜっぽう》鋭く批判した。こうした両者の位置づけは現代でも韓国で支持されている。

事件を知った純宗皇帝と高宗太皇帝は即座に明治天皇に電報を送り、伊藤が「我国人の毒手」「凶徒」によって倒れたことに哀悼の意を伝えた（『韓国往復書類』）。さらに純宗皇帝は、伊藤に「文忠公」の諡号《しごう》を贈っている。明治天皇は一〇月二六日付で伊藤を従一位に叙し、一一月四日に日比谷公園で国葬した。伊藤家へ届いた悼詩や弔歌を収録した『伊藤公国葬余韻』で冒頭を飾ったのは、純宗皇帝と高宗太皇帝の哀悼文であった。

国内外では暗殺事件を好機ととらえて併合に結びつけようとする者が少なからずいた。大アジア主義を掲げる黒龍会《こくりゅうかい》の影響下にあった親日政治団体の一進会が、国葬から一ヵ月後の一二月四日に統監府と大韓帝国政府に「日韓合邦」の請願書を提出したのもその一つといえよう。

しかし、日本政府内で併合の即時断行を目論む者は決して多くなかった。第一号方針書を作成した倉知鉄吉も、併合の断行にはタイミングを見極める必要があると考えていた。それゆえ、小村外務大臣の命令で伊藤暗殺の真相究明のために旅順《りょじゅん》に渡ったときには、関東都督府民政長官の白仁武《しらにたけし》とともに事件が政略に利用されないよう厳正に対処したと述懐している。

これに加えて、一二月二二日には李完用首相が国情を憂うる李在明《イジェミョン》に刺されて重傷を負い、翌年一月上旬には曾禰統監が胃がんの療養目的で帰京しているため、とても併合交渉を開始できる状況ではなかった。

併合計画の前進――韓国皇室の処遇

しかし、一九一〇（明治四三）年五月三〇日に転機が訪れる。病気の曾禰に代わって、寺内正毅陸軍大臣が第三代統監を兼任したのである。彼は併合計画を前進させるために、六月下旬から七月上旬にかけて永田町の首相官邸で併合準備委員会を開催した。小松緑と倉知鉄吉が原案の作成を担い、大韓帝国皇室や閣僚の処遇、併合後の国称、一般国民の地位、在韓外国人の権利、債権債務の処理、官吏の任命などを討議した。

大韓帝国皇室の処遇に関しては、すでに一九〇九年に作られた「対韓細目要綱基礎案」のなかで具体的な案が立てられていた。これは同年七月に「韓国併合に関する件」を閣議決定した直後に小村外務大臣の指示で倉知が作成したもので、左記のような内容であった。

一　併合と同時に大韓帝国皇室を政治に関与させせず、民衆が謀反を抱く根源を絶つ。

二　皇帝の地位を廃し、純宗皇帝を大公殿下と称する。
三　高宗太皇帝、皇太子李垠、義王李堈を公殿下と称する。
四　大公殿下と公殿下ならびにその一門を東京に移住させる。
五　大公殿下と公殿下ならびにその一門には皇族および華族の例を参酌して特別に礼遇する。
六　大公家と公家には国庫から一定の歳費を支給する。ただし、大公家と公家に関する一切の事務は宮内大臣が管理する。
七　併合に際して大韓帝国皇室の私有財産は大公家と公家が引き継ぎ、私有でないものは日本政府に移管する。

倉知とともに併合計画の立案に関与した小松によると、大公の尊称は併合後の純宗皇帝を日本の皇太子の下、親王の上に位置づけるという天皇の考えにもとづいて、外務省が特別に案出したものだという。彼は大公に「グラン・デュック」(Grand Duke)と付記しており、西欧の身分制度を意識していたことがうかがえる。ちなみに伊藤もこの案を目にしており、書類を作成した倉知から意見を聞かれたときには「まあ大体あんなものだろう」(『韓国併合の経緯』)と、素っ気ない返事をしていた。

当局はなぜ大韓帝国皇室を厚遇しようとしたのであろうか。最大の理由として、併合を国際的な「合意」として実現するために、条約締結権を持つ皇帝やその一族を懐柔しなければならなかった点があげられよう。武力で成立させようとすれば抵抗勢力を鎮圧しなければならず、混乱に乗じて西欧列強が介入してくる恐れがあったからである。

また、君主の取り扱いが知識人階級の自尊心と不可分であったことも重要である。たとえば、一九〇七年に早稲田大学弁論部が開催した討論会で、学生の田淵豊吉《たぶちとよきち》が「朝鮮国王《こくおう》を華族に列せしむるの可否」というテーマを掲げ、大韓帝国の留学生から強い非難を受ける出来事があった。抗議と称して一〇名余りが退学し、一部の学生は田淵だけでなく校長や大学事務員までも殺すと唱えたのである。最終的に警視総監が介入し、田淵が自主退学することでようやく収束した大事件であった。

こうした前例から、純宗皇帝を天皇の属臣のように扱えば、大規模な暴動を招きかねないことは容易に推測された。それゆえ、併合準備委員会では「対韓細目要綱基礎案」を踏まえて、純宗皇帝を華族ではなく世襲の大公とし、高宗太皇帝は一代限りの大公にするとした。また、彼らの生活に急激な変化を加えないという寺内統監の方針にもとづいて、大公家の歳費は大韓帝国の皇室費と同額の一五〇〇万円と定めた。この処遇案は一九一〇年七月八日に閣議決定されている。

「適当の時機」の到来

一九一〇年七月二三日、寺内統監は併合準備委員会で練られた併合案を携えて仁川に上陸した。しかし、七月二五日に昌徳宮と徳寿宮に参内して純宗皇帝と高宗太皇帝に新任のあいさつをしたのみで、その後は静観した。彼は併合の問題になると沈黙を守り、山県伊三郎《やまがたいさぶろう》副統監以下の幕僚に対してでさえ心奥をみせなかったのである。

統監府の静寂に反して大韓帝国政府内では大きな変化があった。前年末に重傷を負って静養していた李完用が七月二九日に漢城（現ソウル）に戻り、翌日、朴斉純の署理（代理）の任を解いて首相の座に復帰したのである。李完用はさらに七月三一日に朴斉純内部大臣や趙重応農商工部大臣と内々の協議を行った。

一方、日本国内でも動きがあった。東京で「日韓合邦」運動を展開していた宋秉畯が、この機に乗じて大韓帝国に渡ろうと下関に移動したのである。世間はこれをみて、親日内閣が成立し併合条約が締結されると噂した。しかし、寺内は逆に宋秉畯の動向に神経を尖《とが》らせ、入韓を阻止する動きに出る。典型的な親日派と条約を締結すれば自作自演になり、「合意」の意義が失われてしまうと心配したからである。

寺内統監の狙いは、あくまで現李完用内閣との交渉によって併合を実現することであった。それゆえ、むやみに併合を提起して拒絶されないよう、半年から一年の展望で機会をうかがっていた。ところが、八月四日に李完用首相の私設秘書である李人植《イインジク》が小松緑統監府参与官を訪問したことで、統監府と大韓帝国政府は急速に接近する。

李人稙が小松に話したところによると、李完用首相は皇室の処遇を「難問題」と考え、純宗皇帝自らが位を退く意思を示さないのに、数千年来の社稷を断絶することになる併合を臣下の自分が進言するわけにはいかないと語ったという。

このとき統監府では、「現〔李完用〕内閣が併合談判に応ずるや否やを確めんとするのは、無理な注文で、そうして無駄な努力に終るに相違ない」と認識しており、条約締結の確証を得てはいなかった。それゆえ小松は、併合に対する李完用内閣の最後の決心を促すには、日本側が準備した条件を提示するのが最良にして唯一の方法と考え、欧米の植民地政策と対比しつつ大韓帝国皇室の処遇方針を伝えた。すなわち、フランスがマダガスカル王を孤島に追放したり、アメリカがハワイ王を市民に落とした例を引き、これに対して日本は純宗皇帝に皇族の待遇を保障し、今日と同額の歳費を支給すると説明したのである。

李人稙は、李完用がこの条件を聞けば重圧に耐えきれずに内閣を投げ出すようなことはないだろうと応じた。小松はそれを聞き「当方の併合条件が、先方の予想していた所よりも遥かに寛大であったように思って、頗《すこぶ》る快感を禁じ得なかった」（『朝鮮併合之裏面』）と感想を述べている。

この日から三、四日をあけて李人稙は再び小松を訪問した。李完用首相は併合案について特に可否を下さず、ただ一言「余り永引くと意外の故障が起るかも知れないから、一日も早く時局を片付けた方が得策であろう」と述べたという。李完用としては、宋秉畯が組閣して無条件に併合に同意してしまうのではないかと疑心暗鬼になるなかで、思いのほか「寛容」な併合案を聞き、少しでも譲歩を引き出せるうちに交渉を開始したかったのだと考えられる。

李人稙がこれだけを告げて退室すると、小松は併合交渉を開始する機が熟した旨をつけ加えて寺内統監に李完用の発言を報告した。寺内は李完用を統監官邸に招致することを決断し、八月一三日に桂首相に向けて「予《かね》て内命を掌《つかさど》れる時局の解決は来週より着手したし。別段の故障なく進行するに於《おい》ては其《その》週末には総《すべ》て完了せしめ度《たき》意見なり」(『韓国併合ニ関スル書類 着電』)という電報を送った。宋秉畯の動静がきっかけとなって、「適当の時機」が突如眼前に現れたのである。

二つの条件——「韓国」の国号と「王」の尊称

併合交渉は八月一六日にはじまった。当時、日本では東海や関東地方を中心とした豪雨によって大水害が発生していたため、李完用と趙重応は天皇に見舞いを述べるという名目で記者の目を気にせず堂々と統監官邸を訪れている。

寺内統監はまず両大臣にあいさつし、招いた理由が併合交渉にあると告げた。そのうえで、威圧をもって時局を解決するのではなく、「合意的条約」の体裁を整えて両国の意思を表明するのが妥当であると説明し、併合の大要を記した覚書を手渡した。

これを一読した李完用は、併合の形式について推測するしかなかったこれまでの心労を吐露したうえで、唯一の希望として「韓国」の国号と「王」の尊称を残してほしいと申し入れた。特に王称は宗室の祭祀を永久に存続させて人心を緩和するためにも必要だと強調している。しかし寺内は、一般の国際関係に照らしてみると併合後に王位を残す理由がないし、将来に禍根《かこん》を残すことになるとして拒絶した。また、日本が用意した「大公」は、西欧では王称に優るとも劣らない尊称であると説明している。これを聞いた李完用は、機密漏洩《ろうえい》を防ぐためにいったん趙重応とのみ協議し、同大臣を介して政府の意向を伝えると告げて、わずか三〇分ほどで退出した。

趙重応が統監官邸を再訪したのは同日午後九時であった。彼は大体において異議はないが、やはり国号だけは残してほしいし、王称も清に「隷属」した時代に有していたのだから、それを踏襲したいと要求した。そして、この二点について双方の意思が一致しないならば条約締結は困難であるという李完用の考えを伝え、日本側の妥協を促した。

寺内は八月一三日の時点で翌週末までの「時局解決」を日本政府に表明していたため、ここで交渉を決裂させるわけにはいかなかった。そこで、まず国号に関しては「朝鮮」に改める旨を告げている。これは台湾を領有したときに旧称を残した例にもとづいて、すでに併合準備委員会や閣議で決定していた案であった。趙重応は「朝鮮の名を存せらるるに於ては誠に幸なり」と述べて理解を示した。

一方、王称については単に「王」を認めると将来的に「朝鮮王」を名乗る危険性があった。それゆえ寺内は、大韓帝国皇室の姓である「李」を付けて「李王」を提案している。趙重応はこれに不満があったが、さらなる譲歩は見込めず、しぶしぶ了承した。

李完用は趙重応が持ち帰った案を目にして翌一七日に統監府へ使者を派遣し、もしこの懸案を日本政府が受け入れるならば、責任を持って閣議をまとめると言明した。これにより、日本が李完用内閣との間で併合を実現するためには、国号と王称を大韓帝国側の要求に従って修正せざるをえなくなる。李完用と趙重応は、「合意」による併合の実現を交渉の道具とし、国号と王称といった国家の名分にかかわる問題に関して巧みに統監府側の譲歩を引き出したのである。

朝鮮王朝は日清戦争後の下関条約締結まで清の冊封下にあり、中華皇帝と朝鮮王は君臣の関係にあった。それは西欧近代の主権国家の概念からみれば、とても独立国とはいえない。しかし、冊封下で国家の〈自主〉を左右するのは主権ではなく名分であり、それを体現するのが社稷であった。李完用は先述したようにハーグ密使事件のときに「社稷重しと為す。君軽しと為す」と述べ、高宗を退位させてでも社稷を祀る者の肩書は守ろうとした。それゆえ、併合によってたとえ主権を奪われるにしても、王称や国号だけは維持することで、〈自主〉の名分を残そうとしたのであろう。現代の感覚では無意味な行為にみえても、直前まで清の冊封下にあったことを考慮すれば、合理的な判断だったといえる。

関東大水害による日本政府の混乱

八月一三日に寺内統監は翌週末までの「時局解決」を宣言し、ほぼ予定どおりの二二日に併合条約が締結された。しかし、日本政府と統監府の協議が決して円滑に進んでいたわけではない。このとき日本では東海や関東地方が豪雨で被災していたからである。のちに「関東大水害」と呼ばれるこの惨事は、修善寺《しゅぜんじ》の菊屋旅館で胃潰瘍の療養中だった夏目漱石が、『思ひ出す事など』のなかで詳細に記していることでも知られる。彼は東京の妻が送った手紙によって人々が船で行き来している様子や義妹の被災を知り、自分の身体が病に蝕《むしば》まれていく不安と重ね合わせて「家を流し崖《がけ》を崩す凄《すさ》まじい雨と水の中に都のものは幾万となく恐るべき叫び声を揚げた」との所感を述べている。

水害は各地の交通を分断して、軽井沢の別荘に避暑に出かけていた桂首相のほか、山県枢密院議長、平田東助《ひらたとうすけ》内務大臣、後藤新平《ごとうしんぺい》逓信大臣らを地方に足止めにした。八月一一日に帰京予定であった桂がトロッコなどを使ってようやく東京にたどり着いたのは、一七日午後四時であった。寺内から併合交渉の開始を告げる電報が届いたとき、日本政府は首脳部の不在で混乱に陥っていたのである。

翌週末までに「時局解決」するとの電報を受けとった柴田家門《しばたかもん》内閣書記官長（現在の官房長官）は、翌一四日正午に児玉秀雄《こだまひでお》統監秘書官に次のような返電をしている。①七日に統監府が重要案件の書類を持たせて派遣した使者は水害の影響でいまだに到着していない、②明日到着して整理できたとしても枢密院議長が帰京していないので、解決までには数日かかる、③特に宮内省にかかわる案件は当方にて意見があり、なかなかまとまらず困っている、といった内容であった。そして電報の最後には「解決と発表と相伴なうものとすれば其時日には慎重なる考慮を要す」と付け加え、暗に条約締結を遅らせるよう要請していた。

柴田は同様の電報を東京へ帰還途中の桂首相にも送り、「今週中に発表実行は困難なるべきかと思考す」と進言している。しかし、桂は条約締結と公布が同日でなくても差し支えないと考えており、この方針を小村外務大臣を通じて寺内統監へ伝えるよう命じた。かくして併合条約は八月二二日に調印され、二九日に公布となる。

日本が明治になってはじめて朝鮮王朝と締結した日朝修好条規は、国内で条約内容を最終確認する批准という行為がともなったため、公布までに一ヵ月を要した。ただし、条文中で調印日から効力を発すると規定していた。韓国併合の直前に締結された日韓議定書や日韓協約は調印と同時に発効している。こうしてみると、批准をともなわないのに公布までに一週間の間隙《かんげき》を生じ、第八条でわざわざ「公布の日より之を施行す」と定めた併合条約は異例だったといえよう。

なぜ調印と公布をずらさなければならなかったのであろうか。桂首相の命を受けて統監府に電報を送った小村外務大臣は、あらかじめ併合の事実を西欧列強に通牒《つうちょう》する時間を確保するために公布日を遅らせるよう要請していた。しかし、これはあくまで外務省の立場から述べた意見である。日本政府にはより切実な問題があった。先の柴田内閣書記官長の発言からもわかるように、宮内省に関連する案件を解決しなければならなかったのである。

尊称と礼遇の準備

宮内省は七月八日の閣議決定にもとづいて詔書案と班位《はんい》案を作成していた。詔書案は併合後に大韓帝国皇室に付与する尊称や礼遇などを、班位案は皇族を含めた序列などを定めたものである。左記がその内容であり、柴田内閣書記官長は八月一六日の時点でこれを寺内統監に照会していた。電報では「太公」となっているが、「大公」と直して表記する。

○詔書案
現皇帝は大公と為して世襲とす。其世子《そのせいし》は公とし、太皇帝は尚《なお》大公と称し、各妃は各大公妃又は公妃とし、何《いず》れも皇族の礼を以《もっ》て遇《ぐう》し殿下と称せしむ。

李堈は一代を限りて公とし、妃は公妃とし、皇族の礼を以て遇し殿下と称せしむること。

○班位案
（イ）公族の班位は下の順序による。（一）李《り》坧《せき》《イチョク》大公（二）李《り》熈《けい》《イヒ》大公（三）李垠公（四）

李堈公。

（ロ）我皇族と公族との間に於ては両大公は皇太子皇太子妃の次に、両公は従来の宣下親王同妃の次に列す。

（ハ）大公妃、公妃の班位は其の夫に次ぐ。

前記（ロ）に付、第二案として両大公は宣下親王同妃の次に、両公は王同妃の次に列せしむるの案あり。

（『韓国併合ニ関スル書類　発電』）

李坧は純宗、李熈は高宗のことである。柴田は詔書案に関して「宮内省にては此部に入るもの分明ならざるを以て、義和宮〔李堈〕のみを指したるものなるも、他に之に入るべきものあれば李堈以下に之を附加すべし」と述べており、この時点で誰を公にするのか定まっていなかった。

また、班位案も大公を宣下親王の上にする第一案と、下にする第二案があり、意見が集約されていなかった。統監府ですら併合交渉の開始時期が半年から一年後になると想定していたのだから、これらが素案にとどまっていても不思議ではない。

こうした状況に加えて、まさにこの日に寺内統監は国号と王称を残す意思を大韓帝国側に告げていた。宮内省はようやく「大公」案で協議をはじめたにもかかわらず、根本的な修正が必要となったのである。しかも、王称の件は詔書案を確定したうえで、天皇の裁可を得なければならなかった。

八月一七日、寺内統監は柴田内閣書記官長に打電し、大韓帝国側の要請に従って宮内省案にある「大公」を「王」に変更するよう求めた。桂首相はこれを承諾するが、問題は尊称を改めるだけで解決できるほど単純ではなかった。柴田は翌一八日に、「大公」を「王」とするならば「公」はどうなるのか、さらにその候補者や世襲の可否について統監府に問い合わせている。

これに対して寺内統監は八月二〇日に、「現皇帝は李王と為し昌徳宮と称せしめ世襲とす」「其の世子を王世子《おうせいし》とし、太皇帝は尚太王と為し徳寿宮と称し」と書き直した案を送るとともに、公も世襲にし、新たに高宗太皇帝の実兄李熹《イヒ》《りき》を加えるよう指示した。

李熹が急遽《きゅうきょ》追加された理由は、直前の八月一五日付で彼の肩書が完興君から興王に格上げされたからだと推測される。大韓帝国において「〇王」は皇室の系統上皇帝に近い者を表し、それに次ぐのが「〇君」であった。英親王や義親王のように大韓帝国でも「親王」を用いたが、これは敬意を込めて「〇王」を呼称するときに用いるものであって、日本のように皇帝（天皇）との血縁的な近さを表すものではない。つまり、李垠や李堈の正式の称号は英王、義王である。李熹は併合の直前に義王李堈と同列になったから公として冊立されたのであり、もし完興君のままだったならば、いとこの完順君李載完《イジェワン》と同じく、後述する朝鮮貴族の身分になっていたであろう。

「王」か「李王」か

日本政府は現皇帝を「李王」にするとした統監府の詔書案に筆を入れ、「最早此上《もはやこのうえ》修正の余地なし」と告げて、条約調印と同日の八月二二日に返送した。その案文には、皇帝を「李王」ではなく「王」にすると書かれており、わざわざ「(李王にあらず)」とまで注記されていた。

日本の氏姓は天皇が臣民に賜与《しよ》するものである。したがって皇室は、秋篠宮《あきしののみや》や三笠宮《みかさのみや》のような宮号《みやごう》を持つが、氏姓はない。こうした原則から、宮内省は「皇族の礼」をもって遇する王公族に大韓帝国皇室の姓に相当する「李」を付けるのを嫌ったのであろう。

先に触れたように、統監府では単に「王」として冊立すると将来的に「朝鮮王」を名乗りかねないとの懸念があった。それゆえ、寺内はすでに確定した案を直すのは難しいと突き返す政府側に苛立《いらだ》ち、桂首相に直接長文の電報を送って「李王」に直すよう強く促している。桂は寺内の要請を受け入れたが、宮内省案を完全に否定することもできなかった。そこで皇帝を「王」として冊立するが、称するときには「李王」にするという折衷的な詔書を作って解決することになる。

左の文面が実際に公布された詔書である(傍線筆者)。以下、両詔書を合わせて「冊立詔書」と表記する。

○前韓国皇帝を冊して王と為すの詔書
朕《ちん》天壌《てんじょう》無《む》窮《きゅう》の丕基《ひき》を弘《ひろ》くし国家非常の礼数を備えんと欲し、前韓国皇帝を冊して王と為し昌徳宮李王と称し、嗣後《しご》此の隆錫《りゅうしゃく》を世襲して以て其の宗祀《そうし》を奉ぜしめ、皇太子及将来の世嗣《せいし》を王世子《おうせいし》とし、太皇帝を太王と為し徳寿宮李太王と称し、各其の儷匹《れいひつ》を王妃、太王妃、又は王世子妃とし、並《ならび》に待つに皇族の礼を以てし特に殿下の敬称を用いしむ。世家率循《せいかそつじゅん》の道に至りては朕は当《まさ》に別に其の軌儀《きぎ》を定め、李家の子孫をして奕葉《えきよう》之に頼り福履《ふくり》を増綏《ぞうすい》し永く休祉《きゅうし》を享《う》けしむべし。茲《ここ》に有衆に宣示し用《もっ》て殊典《しゅてん》を昭《あきらか》にす。

○李堈及李熹を公と為すの詔書
朕惟《おも》うに李堈及李熹は李王の懿親《いしん》にして令問夙《れいもんつと》に彰《あら》われ槿域《きんいき》の瞻望《せんぼう》たり。宜《よろし》く殊遇《しゅぐう》を加錫《かしゃく》し其の儀称を豊にすべし。茲に特に公と為し、其の配匹《はいひつ》を公妃とし、並に待つに皇族の礼を以てし殿下の敬称を用いしめ子孫をして此の栄錫《えいしゃく》を世襲し永く寵光《ちょうこう》を享《う》けしむ。

冊立詔書によって王公族には「殿下」の敬称が用いられることになった。李王は大韓帝国時代には皇帝「陛下」だったので、格下げになったわけだ。ただし、大統領などの国家元首や大使などの外交使節、貴族や将官に付ける敬称は、「殿下」より格が低い「閣下」である。したがって、王公族に対する「殿下」の敬称が破格であったことに違いはない。朝鮮王朝時代は中華皇帝に対する配慮から、国王であっても敬称は「殿下」であった。

なお、王族と公族の待遇には差があり、公族の子には「殿下」を用いず、男子には「様」や「公子様」、女子には「姫」を付けて呼称した。また、王族には皇族と同じく刑法第七五条と第七六条が適用され、危害を加えた者を不敬罪に問うことができたが、公族にはそのような特権がなかった（朝鮮刑事令第三条）。

誰が王公族を監督するのか

統監府と宮内省は冊立詔書の作成作業と並行して、どの組織が王公族を監督するのかについても議論を重ねていた。宮内省は、王公族が「皇族の礼」を受けるのだから同省が監督する旨を記した皇室令を発布すべきとの考えがあった。しかし、これに対して児玉統監秘書官は、王公族の監督は政治上もっとも重要な案件であり、いま軽々しく決めるべきではないと反論している。そして、統監に代わって朝鮮統治を担う総督の監督下でしばらく残務処理を行い、後日適当な規定を設けるようにしてほしいと柴田内閣書記官長に要請した。

八月二六日には寺内統監が自ら桂首相に電報を送り、大韓帝国皇室は「由来政治上禍乱《からん》の泉源《せんげん》」であると述べ、総督が彼らを監督する権限を持たなければ「統治の実」を上げられないと訴えている。桂首相は王公族が皇族のもとに置かれるから原則的に宮内省の管轄となるにすぎないと宥《なだ》めたうえで、統監府の反発を防ぐように「将来に於て朝鮮在住の王公族に対する直接監督の職権を統監に委《ゆだ》ねらるるは勿論《もちろん》」と返答した。条約公布が迫っているこの時点で日本政府には時間的余裕がなかったため、どの組織に監督権が帰属するのかを曖昧にしつつ、宮内省案で収束させざるをえなかったのである。

しかし統監府としては、たとえ原則的なものだとしても宮内省に王公族の監督権を渡すわけにはいかなかった。寺内統監は翌日にも桂首相に電報し、皇室令の発布を止めるよう懇願している。結局、統監府側が折れたのは条約公布の前日であった。王公族の事務執行に関する職員のうち、朝鮮に在住する者は総督が監督するという条件で、原則的に宮内省が組織を管理することを認めたのである。

朝鮮総督府支配下の李王職

韓国併合後、宮内省内に王公族の家務を担う李王職《りおうしょく》という組織が新設された。同省には皇太子や皇太后に関する職務を担う部局として特に東宮職や皇太后職があり、それを踏襲したのであろう。

大韓帝国宮内府の職員はほぼそのまま李王職となった。宮中の古礼を知る人材の確保や、純宗皇帝が王公族の体面を保持するために旧来の職員を多数削減しないよう寺内統監に要請していたことが関係していると考えられる。

伊藤統監の宮中改革で宮内府職員は四四〇〇名ほどが解雇されたが、それでも一九〇九年の時点で勅任官三三名、奏任官七六名、判任官二二九名、判任待遇三名、嘱託三三名、雇員一〇名のほか、女官・内宦《ないかん》らが推定で四〇〇〇名ほど在職していた。李王職は宮内省内の一部局にもかかわらず、個別の省庁といっても遜色《そんしょく》のない規模だったのである。

李王職は、宮内省と統監府の縄張り争いの葛藤《かっとう》をそのまま体現した組織であった。「李王職官制」の第一条では、李王職は宮内大臣の管理に属するとなっていたが、「朝鮮に於ける李王職の事務及朝鮮に在勤する李王職職員に関する件」の第一条では、朝鮮にいる職員は総督が監督すると規定していたからである。職員の大半は朝鮮勤務であり、実質的には総督の支配下にあった。

李王職の経費は宮内省ではなく、李王家歳費から賄われた。その歳費は三ヵ月ごとに四分の一ずつを朝鮮総督府から受領し、朝鮮銀行に預け入れていた。つまり、李王職は予算上も朝鮮総督府に帰属しており、総督の意向を無視して行動するのは困難だったのである。

朝鮮総督府とは、大韓帝国政府や統監府の諸機関を統廃合して設置した植民地朝鮮の統治機構である。天皇に直隷《ちょくれい》する総督は、朝鮮において行政・立法・司法の三権を掌握するとともに、内閣総理大臣を経て天皇に上奏したり、朝鮮駐屯の兵力を使用できるなど、絶大な

1－1　**歴代李王職長官・次官**（年月は就任時）

李王職長官		李王職次官	
閔丙奭	1911年2月	小宮三保松	1911年2月
李載克	1919年10月	国分象三郎	1917年1月
		上林敬次郎	1921年9月
閔泳綺	1923年3月	篠田治策	1923年2月
篠田治策（長官事務取扱）	1927年1月		
韓昌洙	1927年3月		
篠田治策	1932年7月	李恒九	1932年7月
李恒九	1940年3月	児島高信	1940年3月
児島高信	1945年3月		
張憲植	1945年5月		

権力を持っていた。これに加えて宮内省に属する李王職の職員も監督し、王公族の処遇に関与したのである。

　李王家歳費は大韓帝国時代の皇室費と同額の一五〇万円であり、四万～一〇万円程度だった各宮家の皇族費とは雲泥の差があった。しかし、李王職という巨大組織を維持するには決して十分ではなかった。そこで当局は、李王職官制の発布に際して、女官・内宦らの定員を二五〇〇名に圧縮する方針を立て、一九二〇年までに一五四〇名余りを淘汰《とうた》している。また、一九二一年までに勅任官・奏任官・判任官の定員も二六八名減らし、同年には歳費の額を二割増しの一八〇万円とする措置をとっている。しかし、一〇年前に比べて物価が高騰していたので、財政的に余裕はなかった。

　なお、旧大韓帝国皇室が国家祭祀を執り行った圜丘壇《えんきゅうだん》、社稷壇、孔子廟、纛神廟《とうしんびょう》（軍旗の神を祀るほこら）などは朝鮮総督府が引き継ぎ、李王家は単に祖先歴代の神霊や墳墓を祀る役目だけを担った。

圜丘壇とは、朝鮮王朝が清の冊封から脱したときに、高宗が皇帝に即位して独自に天を祭る儀礼を行うために設けた施設である。中国の天壇と同じく南側に祭壇、北側に神位を納める皇穹宇《ファングンウ》を設け、天と地を結ぶ世界観を表した。しかし、併合後しばらくして圜丘壇は皇穹宇を残して撤去され、跡地には朝鮮ホテル（現ウェスティン朝鮮ホテル）が建てられた。いまでもホテルの敷地内で威容を誇る皇穹宇には、天井に七爪《しちそう》の龍が描かれており、旧時の皇帝の権威を後世に伝えている。

李王家は併合後も年四回の大祭や年一回の清明祭を執り行った。こうした旧慣に対応するため、李王職には掌祀係を設け、事務官や典祀などの職員を置いて事務を管掌《かんしょう》した。

朝鮮貴族の創設

韓国併合時には大韓帝国皇室の親族や閣僚のために朝鮮貴族という身分も作られた。朝鮮貴族令にもとづいて、朝鮮貴族には日本の華族と同一の礼遇が保障され、公侯伯子男の爵号も付与された。ただし、公爵になった者はいない。

七六名を対象に一九一〇年一〇月七日に授爵、一二年一二月七日に叙位が行われた。これに対し、尹用求《ユンヨング》、洪淳馨《ホンスニョン》、韓圭卨、兪吉濬《ユギルチュン》、閔泳達《ミンヨンダル》、趙慶鎬《チョギョンホ》の六名が爵号を返上し、金奭《キムソク》

1－2　**朝鮮貴族68名**（1910年）

侯爵 6名	李載完	李載覚	尹沢栄	朴泳孝	李海昌
	李海昇				
伯爵 3名	李完用	李址鎔	閔泳璘		
子爵 22名	李根命	閔泳奎	閔丙奭	朴斉純	高永喜
	趙重応	李秉武	金允植	尹徳栄	趙民熙
	李容稙	李夏栄	李根沢	李載崐	任善準
	宋秉畯	権重顕	閔泳徽	閔泳韶	金聲根
	李完鎔	李埼鎔			
男爵 37名	李允用	趙東潤	閔種黙	李載克	閔泳綺
	李根澔	金春熙	趙羲淵	李根湘	韓昌洙
	閔商鎬	張錫周	朴斉斌	金宗漢	李冑栄
	金鶴鎮	成岐運	閔炯植	李鍾健	趙同熙
	李鳳儀	朴容大	金嘉鎮	李容泰	金思轍
	金永哲	李正魯	金炳翊	鄭漢朝	南廷哲
	朴箕陽	金思濬	崔錫敏	李乾夏	尹雄烈
	鄭洛鎔	李容元			

鎮《チン》は授爵直後にアヘンを飲んで自決、趙《チョ》鼎《ジョング》九は二度の自決を試みたが家族に助けられて失敗したため、楊州思陵里で隠遁《いんとん》生活を送った。それゆえ、併合直後に実際に朝鮮貴族となった者は六八名である。

朝鮮貴族のうち、李完用、宋秉畯、高義敬（一九一六年に高永喜《コヨンヒ》から襲爵）の三名は、一九二〇年に爵号が一つずつ昇格している。この年は併合一〇周年であり、王世子李垠が結婚した年でもあったため、併合に貢献した李と宋、および婚儀に尽力した高が恩沢に与《あずか》ったのである。また、李完用の息子李恒九《イハング》は、一九二四年二月一一日の紀元節に従四位勲二等と男爵を親授された。爵号は個人ではなく家の戸主に授けるため、李恒九はこのとき男爵家として分家している。それゆえ、李完用が一九二六年二月一一日に死去したときには、孫の李丙吉《イビョンギル》が侯爵家を継いだ。

出世する朝鮮貴族がいる一方、有罪判決を受けて失爵する者もなかにはいた。アヘン煙吸食罪の閔泳璘《ミンヨンニン》、賭博《とばく》罪の李址鎔、三・一独立運動時に独立請願書を執筆したため保安法違反に問われた金允植《キムユンシク》と李容稙《イヨンジク》、寺内総督の暗殺を企てたとする「一〇五人事件」で謀殺未遂罪となった尹致旲《ユンチホ》などである。趙民熙《チョミニ》、趙同熙《チョドンヒ》、趙羲淵《チョヒヨン》は犯罪に手を染めたわけではないが、財産を使い果たしたなどで貴族の体面を維持できなくなったため、爵号を返上している。

朝鮮貴族は併合時に二万五〇〇〇〜五〇万四〇〇〇〇円という巨額の恩賜公債を手にしたが、家政は決して順風満帆ではなかった。一九二七年頃にはすでに二〇名が財産を失い、うち五名は債務超過に陥っていた。

五名のなかでもっとも巨額の借金を抱えていたのは李王妃尹氏《ユンシ》の父尹沢栄《ユンテギョン》侯爵である。彼は朝鮮貴族のなかで最高額の恩賜公債を得ていたが、家政は危殆《きたい》に瀕していた。その理由は、大韓帝国時代に皇太子妃の選定に際して自分の娘を嫁がせるべく莫大《ばくだい》な運動費を投じたり、土地買収に失敗したからである。尹家は併合後も落花生栽培や相場取引に手を出して多額の損失を出したため、膨れ上がった負債総額は二八四万円に達した。尹沢栄は息子の尹弘燮《ユンホンソプ》とともに一九二〇年に中国に逃亡し、衣食に困窮しながらも李王妃の送金で生きながらえ、三五年一〇月に他界している。

旧大韓帝国の閣僚に華族と同一の礼遇を認めながら、華族令とは別に朝鮮貴族令を制定して分離した理由は、参政権を付与しないためであった。しかし、第三代と第五代の朝鮮総督を務めた斎藤実《さいとうまこと》は、朝鮮人も帝国議会で議席を持たなければならないと考え、それを原敬内閣の閣僚に相談していた。こうした動きが後押しとなり、一九三二年一二月に朴泳孝《パクヨンヒョ》、三九年一二月に尹徳栄《ユンドギョン》が勅選の貴族院議員に任ぜられている。また、四五年四月になると貴族院令が改正され、朝鮮に在住する満三〇歳以上の男子で名望ある者が勅任の貴族院議員（朝鮮勅選議員）になれるようになった。このとき朝鮮貴族の李埼鎔《イギヨン》、宋鍾憲《ソンジョンホン》のほか、一九一三年一〇月に失爵した尹致昊らが議員に選出されている。

3　李王の冊立——西欧近代のルールを重視

「冊封」ではなく「冊立」

日本は大韓帝国皇室を排除せずに王公族として帝国内に編入した。この事実をとらえて、日本は東アジアの伝統へ回帰し、天皇を頂点とする冊封体制の構築を目論んだとみる意見もある。だがそれは、冊立詔書にある「前韓国皇帝を冊《さく》して王と為し昌徳宮李王と称し」の「冊して」を「冊封」と誤読しているからであり、決して実証的な主張とはいえない。ここでいう「冊して」とは「冊立《さくりつ》」を意味しているのであり、つまりは皇太子や皇后などと同じく高貴な身分を勅命によって正式に定めると宣言しているのである。

たしかに日本は大韓帝国皇帝を李王とし、冊封体制下の皇帝／王と同じく、天皇／李王という関係を創出した。しかし、日本はもともと尊称として西欧式の大公《Grand Duke》を用意していたのであり、王称を望んだのは大韓帝国側であった。したがって、韓国併合が東アジアの伝統への回帰であると簡単に結論づけるべきではない。

併合を実施するに際して日本が重視したのは、西欧近代の主権国家体制のルールにもとづくことであった。だからこそ宋秉畯の親日内閣を立てて安易に時局解決するのではなく、既存の李完用内閣と交渉を遂げ、国号と王称に関して譲歩してでも条約締結という体裁を整え、「合意」として実現しようとしたのである。

明治期は、幕末に西欧列強との間で締結した「不平等条約」の改正に苦心した時代といっても過言ではない。日本は常に列強の顔色をうかがい、難癖つけられぬよう立憲制度を整備し、対外的には近代国際法（万国公法）に準拠した行動をとろうとした。中華世界の周辺に位置した朝鮮王朝が明《みん》や清よりも中華思想を尊重して自らを「小中華」と称したように、西欧近代の周辺に位置した日本は、西欧以上に近代国際法の規範に忠実であろうとしたといえよう。それゆえ、日本が主権国家体制に反する冊封体制へ回帰しようとしていたとは考えがたい。

しかし、日本は併合時に東アジアの伝統を完全に無視したわけではない。明治天皇は条約公布直後に勅使を昌徳宮に派遣し、「王冊立」の儀式を実施しているからである。それはあたかも中華皇帝が朝鮮王朝に冊封使を派遣したかのようであった。ただし、これは決して冊封体制の実現を目的としたものではない。逆説的ではあるが、日本は前近代の礼観念による王冊立の儀式を実施することで、むしろ冊封体制を否定し、日韓が主権国家として対等に条約を締結したかのように演出したのである。本節では併合条約の締結前に時間を巻き戻してそれをみていきたい。

李王を丁重に冊立

一九一〇（明治四三）年八月一九日、寺内統監は日本政府に電報を送り、純宗皇帝を李王として冊立する際には勅使を派遣して「相当の儀式」を実施するよう要請した。桂首相は渡《わた》辺《なべ》千《ち》秋《あき》宮内大臣と協議してこの提案に同意し、天皇の下賜品《かしひん》も用意すると返答した。

日本政府の考える「相当の儀式」とは、立太子礼《りったいしれい》を参照して条約公布後に勅使を朝鮮に派遣し、李王に下賜品と詔書の写しを手渡すというものであった。立太子礼とは、皇太子を冊立するときに行う儀式である。天皇の長子は誕生と同時に皇太子であるが、わざわざ儀式を行うことで、皇太子として冊立した事実を全国民に周知させるのだ。日本政府が立太子礼を参照して王冊立を実施しようとしたことは、大韓帝国皇帝を「李王」として帝国に編入する事実を、日韓の民衆や海外に向けて広報する意図があったといえよう。

このとき寺内統監は、大韓帝国皇室に相当の礼遇を保障して宗室を永久に存続させれば、天皇の「至仁至徳《しじんしとく》なる御宏量《ごこうりょう》」を示すことになり、民衆を「感泣《かんきゅう》」させられると桂首相に進言していた。それゆえ、王冊立の儀式は大韓帝国を懐柔する目的で計画されたとみて間違いない。

併合条約が公布された八月二九日の午後二時、稲葉正縄《いなばまさなお》式部官が勅使として東京の新橋駅を出発し、下関から釜山に渡って三一日午後八時一〇分に漢城の南大門駅に到着した。翌九月一日、昌徳宮では李王が日本の大勲位菊花大綬章と菊花章頸飾を併佩《へいはい》して勅使を出迎え、先導して西行閣廊下から仁政殿に入っている。ここで勅使がまず聖旨を伝えて詔書の写しを手渡し、さらに御贈品の目録とともに桐箱《きりばこ》に納めた品（李王に緞子《どんす》七巻、李太王に五巻、王世子に三巻）を進達した。

君臣主従の席次を回避

王冊立の様子は宮内庁所蔵の『勅使朝鮮差遣録』によって知ることができる。これによると、仁政殿では勅使と李王が中央に配置された卓子を挟んでそれぞれ西面、東面して着席したという（1－3参照）。稲葉勅使はなぜこの些細《ささい》な事実を記録したのであろうか。

儒教の礼観念ではどちらを向いて座るかは重要な意味を持つ。南面と北面は君主と臣下の関係、西面と東面は主人と賓客の関係を表す。冊封体制下では、中華皇帝と朝鮮王は君臣の関係なので、皇帝の詔書を持った使者は南面、国王は北面した（1－4参照）。不動の北極星がある北側が世界の中心と考えられたため、皇帝が北を背にして南を向くことは特に重視されたのである。

しかし、冊封体制下でも席次には例外がみられた。一一〜一二世紀に中国大陸の北方に遼《りょう》や西夏《せいか》といった大国が割拠して宋《そう》の勢力が弱まると、高麗は契丹《きったん》族の遼の冊封下に入った。このとき遼の使者は宗主国として南面したが、高麗王は北面ではなく西面したのである（1－5参照）。高麗は遼に配慮しつつも自尊意識を満足させるために君臣の関係をとらず、このような傾斜的な席次になったと考えられている。大国同士の争いによって東アジアの国

1－3　王冊立の席次

1－4　冊封体制下の一般的な席次

1－5　冊封体制下の傾斜的な席次

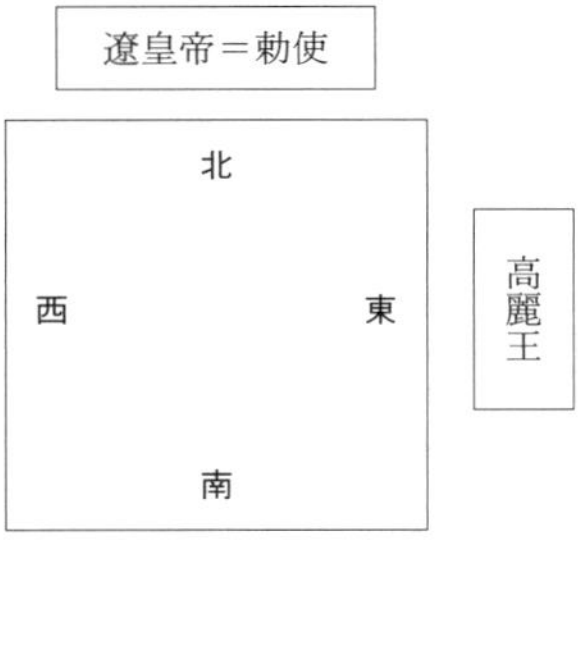

際関係が多極化し、高麗の地位が相対的に高まったからこそ、北面（臣下の礼）を回避できたのであった。

方位に関連した席次の観念は日本にも残っている。一九〇八（明治四一）年に東京相撲の地方巡業が九州で行われたときに、相撲司《すまいのつかさ》の吉田追風《よしだおいかぜ》は行司溜《だ》まり（行司が控える場所）が北方角にあるのはおかしいと指摘した。「天子南面」の故事にならい、北は天皇が観覧する位置だから、そちらに行司が控えるのはよろしくないと考えたのである。翌年に竣工《しゅんこう》した旧国技館でも行司が天皇に背を向けないよう、天覧用の玉座が北側、行司溜まりが南側に設置された。それ以来、相撲は北側が正面となったため、いまでもテレビ中継では東方《ひがしかた》が左、西方《にしかた》が右というように、われわれが普段みる地図とは東西が逆になっている。

話を王冊立に戻そう。儀式の会場を準備した統監府や大韓帝国宮内府の官僚にとって、勅使と李王の席次は決して些細な問題ではなかった。彼らが具申しなければ、はじめて昌徳宮を訪問した稲葉勅使が仁政殿内の方角を察知するはずはないし、わざわざ紙面を割いて本国に報告するわけがないからである。

東アジアの伝統に則《のっと》って考えれば、日本は大韓帝国を植民地化したのだから、王冊立は南北（君臣主従）の席次をとるはずである。しかし、いまだ冊封体制下の国家意識を重視していた大韓帝国側にとって、それは屈辱であり容認できなかった。一方、日本にとって前近代の礼観念など何の意味も持たず、重視すべきは西欧近代のルールに準拠することであった。

ゆえに礼観念を逆手にとり、あえて東西に座を設けたといえよう。これによって大韓帝国側を懐柔するだけではなく、冊封体制を否定し、対等な主権国家同士の「合意」によって併合が成立したかのように演出できたからである。

実は、古代中国において皇帝が南面ではなく西面する事例もあった。皇太后や上公に対するときである。帝位は原則的に皇帝の死後、皇太子によって継承されるため、通常は新皇帝の時代に前皇帝は存在しない。しかし、前皇帝の皇后が皇太后となってそのまま存続することは珍しくない。皇太子は皇后に対して臣従するため、新皇帝として帝位に就いたのちも皇太后（前皇后）に西面して対座したのである。また、皇帝を輔導《ほどう》する地位にある上公も「不臣之礼」で遇されたので、皇帝は西面で対座した。この場合、東面は年長者や師などの席となる。王冊立では李王がこれと同じ席次をとっており、大韓帝国側の自尊意識を満足させるためにいかに破格の対応をしていたかがうかがえる。

大韓帝国宮内府の事務官として勅使を応接した権藤四郎介《ごんどうしろすけ》も、宮中の様子を記録した『李王宮秘史』のなかで席次が東西であったことに言及している。ただし、その意図については述べていない。漢学の素養がある当時の知識人にとって方位の意味するところは自明であり、わざわざ説明する必要などなかったのであろう。権藤によると、寺内統監は王公族に対する「親愛の情」を示すために、王冊立に皇族を来臨させる案まで立てていたという。

席次に対する日韓の関心の相違は報道からもわかる。日本でこのことに触れた記事は見当たらない。しかし、朝鮮の『漢城新聞』は「昌徳宮冊封式《〔ママ〕》」という大見出しと「西面而対」という小見出しののちに、「〔勅使の〕西面に対座し日本天皇陛下の詔書および贈品を受けとられた」と報じた。李王と勅使が南北ではなく東西に向かい合って座したという事実は注目に値したのである。なお、この記事には主語がない。皇帝とも李王とも表記していないところに、併合直後の緊張感と記者の深慮が垣間みえる。

皇族と王公族の序列

併合条約と冊立詔書の公布によって、大韓帝国皇室は「皇族の礼」を受ける王公族として帝国日本に編入された。では王公族と皇族の関係はどのようになったのであろうか。

この時点で統監府は王公族を皇族の内部に組み込む前提で班位案を作成していた。児玉統監秘書官が八月二一日に日本政府に送った電報では、李王と李太王が皇太子嘉仁親王の次に、王世子李垠、李堈公、李熹公が宣下親王の次に列するとなっている。

ところが、柴田内閣書記官長は翌日の電報で統監府に成案を見送るよう求めた。この問題は宮中で重大視されていたのである。徳大寺実則《とくだいじさねのり》内大臣兼侍従長は八月二三日に渡辺宮内大臣に書簡を送り、李王の序列を定めれば感情を害する恐れもあるので、必要が生じるときまで棚上げにするよう「御沙汰」があったと伝えている。また、条約公布前日の八月二八日には柴田が児玉に電報を送り、班位の決定を避けるのは「御思召《おぼしめし》」があったからだと述べている。徳大寺も柴田もはっきりとは述べていないが、明治天皇の意向があったとみて間違いないだろう。

こうして王公族の法的地位や皇族との関係性は併合時に規定されず、曖昧なままとなる。冊立詔書でも王公族を「皇族の礼」で遇するとしながら、規律については追って定めると明記された。

王公族の法的地位がその後どのように確定し、誰がこの身分に属することになったのかについては次章で詳しくみていきたい。

韓国併合に対する民衆の思い

寺内統監は李完用内閣との交渉を遂げ、条約締結という形式を備えて、曲がりなりにも「合意」として韓国併合を実現した。では、日韓の民衆は大韓帝国の滅亡をどのように見つめたのであろうか。

東京では報知新聞社と万朝報社の主催で八月二九日と九月一日に提灯《ちょうちん》行列が行われた。その様子からみてみよう。

八月二九日に提灯行列の一団は日比谷公園に集合し、午後七時半の号砲とともに正門を出発した。二列の大行列は万歳を唱えながら銀座四丁目に出て、沿道に埋まる人の山をかき分けながら、京橋、伝馬町を経て日本橋を渡り、室町に至っている。神田橋のところで左折して折り返し、日露戦争の勝利を記念して作られた凱旋《がいせん》道路を通って、二重橋の下で万歳三唱すると、桜田門から出て官庁街に入り、外務省を突っ切って進んだ。内幸町を経て日比谷公園にたどり着くと、一団は再び万歳三唱して解散している。

月刊雑誌『朝鮮』では街路の様子を次のように報じており、見物客で埋め尽くされていたことがわかる。

何処迄《どこまで》行っても、何処迄行っても、自分等の歩む両側に黒い人垣は一寸《ちょっと》も動かず立ち並んでい〔る〕。そして何処迄行っても、自分等を見ては万歳を唱えている。夜が明けても、又其日《そのひ》の夜が来ても之れ等の人垣は其まま立っている様に思われた。

しかし、彼らが心の底から万歳を唱えていたかは疑問である。右の記事を書いた記者は、帰りの電車のなかで、向う鉢巻をした男たちが次のように話すのを聞いたという。

「ああ疲れた。でも今日は、折りにビールぐれや、出るんだろうなあ」
「そりゃきまった事さ。恁那非道《こんなひど》い行列をさしてさ」
「おい、それに明日は休みだろうなあ」
「べらんめい。休みで無いったって休んでやらあ」
（「東京の合邦祝ひ」）

彼らは提灯行列に協賛した企業の職員だろうか。正体はわからないが、この会話はイベントへの参加が自主的なものではなく、動員されたことを匂わせている。盛大な行列だけをみれば国全体が併合を祝っていたかのような印象を受けるが、それに参加した（させられた）人々は「非道い行列」と愚痴をこぼしていたのである。記者自身も、万歳を叫ぶ人々を見ながら「之れを朝鮮人が見ていたらと思った。そして又、自分が朝鮮人だったら如何《いかが》かと思った」と感想を述べている。

こうした冷めた視線は一般的なものだったと思われる。というのも、政治家や記者以外の意見を日記や書簡に見出そうとしても、ほとんど発見できないからである。

東京日野の農民五十子《いらこ》敬斎《けいさい》の日記には「茲《ここ》に本市にては韓国併合祝典を行不《ママ》」という一文があるだけである。キリスト教徒の内村鑑三《うちむらかんぞう》も友人のD・C・ベルに送った関東大水害の損害を憂うる手紙のなかで、「朝鮮《ママ》併合も其を償うこと能《あた》わざるものに御座候《ござそうろう》」と述べているにすぎない。

比較的多くの紙面を割いて感想を述べているのは、中浜東一郎《なかはまとういちろう》と芦田均《あしだひとし》である。医師である中浜は、八月三〇日に「千数百年前より今日に至る迄、幾多の波瀾《はらん》を醸成したる同問題も、之れにて解決せられたり」と記し、条約や詔書の公布を伝える『報知新聞』の切り抜きを日記に貼り付けていた。

併合を批判する芦田均

一方の芦田は、外交官・外務大臣を経て戦後に首相となる人物であるが、当時はまだ東京帝国大学の学生であった。彼は八月二九日に「日本が膨張したのだそうだが一向うれしいとも名誉だとも思わない。朝鮮人が可愛相《かわいそう》だと思った丈《だけ》だ」と書き記している。さらに九月一日には、提灯行列の花火の音を聞いて「癪《しゃく》だ」と怒りを露《あらわ》にし、「訳も分らず喜ぶ野郎共、やがて国が自滅するのを知らないかいと思った」とも綴《つづ》っている。石川啄木《いしかわたくぼく》が「地図の上朝鮮国にくろぐろと墨をぬりつつ秋風を聴く」と詠んだことはよく知られているが、併合を批判したのは彼一人ではなかったのだ。

先述したように、財界は併合に否定的であった。しかしそれは芦田とは異なり、よりドライな理由、すなわち経済的負担を念頭に入れたものであった。

西原亀三は併合を「実に無意味」と述べ、『万朝報』はかえって日本に悪影響を及ぼすと警鐘を鳴らしている。このほかにも『東京朝日新聞』は条約公布日に、朝鮮が台湾よりも人口や面積で勝っているにもかかわらず、経常収支が半分しかないことを紹介し、「面積の徒《いたず》らに厖大《ぼうだい》なる割合に、其真価は左程《さほど》にあらざる」と報じた。政界でも、貴族院は衆議院が申し入れた共同祝賀会および賀表を断っている。必ずしも国全体が足並みをそろえて歓喜していたわけではなかった。

意外に平穏だった朝鮮

他方で、朝鮮の人々はどうであったのか。彼らのなかにはわざわざ東京に赴いて天皇に祝意を表した者がいた。一三道各寺院僧侶の代表者七一名の総代として来日した海印寺の主管李晦光《イフェガン》である。彼は開運寺の全宝輪《チョンボリュン》と通訳の金永基《キムヨンギ》を随員とし、曹洞宗大本山総持寺《そうじじ》の織《お》田《だ》雪巌《せつがん》を帯同して宮内省を訪問した。そして河村金五郎《かわむらきんごろう》宮内次官に「謹《つつしん》で韓国併合を賀し奉り、併せて天機を伺い奉る」（『伝道』）との賀表を奉呈したのである。

もちろんこうした事例はごく一部であり、ことさらに強調する必要はない。ただし、朝鮮で暴動らしい暴動が起きず比較的平穏であったこともまた事実であった。これに対して武装した軍隊や警察の監視が厳しかったことを理由としてあげる意見もあるが、保護国期に同じような条件下で何度も義兵闘争が発生していたので説得力に欠ける。

長年にわたって朝鮮王朝の政治にかかわった趙重応、兪吉濬、宋秉畯らは、まったく別の面から暴動が起きなかった理由を分析している。それは、①いたずらに不平を述べても不幸を招くことを自覚した、②由来朝鮮人は政府や官吏を虎や狼のように恐れている、③田舎の者に関しては併合が何かさえ理解していない、というものであった。ただし、不穏の行動に出る者がいなかったからといって併合を喜んでいるわけではないということも強調し、今後の施政次第ではどうなるかわからないと警告している。

たとえば趙重応は、日本と大韓帝国を慈悲深い養父母と残忍なる生みの親に譬《たと》え、養子が貧困の故郷を追慕するのはよくあることだが、養父母たる日本は仁政を布き、朝鮮人が故郷を忘れるようにしなければならないという。つまり、政府や法律は恐ろしいものではなく、生命財産の保護者であるということを知らしめなければならないというのである。兪吉濬は、朝鮮人のほとんどが粥《かゆ》さえ食べられず明日の生命さえわからない貧困にあえいでいるとし、まずは民を富ませよと訴えている。朝鮮王朝末期から圧政に苦しめられてきた一般民衆の実情を踏まえた意見だといえよう。

日本政府は併合に際して三〇〇〇万円の臨時恩賜公債を発行し、そのうち約一七四〇万円分を授産、教育、備荒の資金として朝鮮の一三道に分配、地税に関しても減免した。三〇〇〇万円は日本の農商務省予算の約二倍に相当する金額である。穏便に併合を実現するために、あらゆる手段をとって朝鮮人を懐柔しようとしたのだ。そして、その結果の一つとして誕生したのが王公族であった。

第2章　帝国日本に根を張る王公族——それぞれの処世術

1　準皇族という扱い——王公家軌範をめぐる紛糾

皇室制度の黎明期に誕生した王公族

日本は明治維新により近代国家として船出するが、その根幹はしばらく曖昧なままであった。特に皇室制度は明治の中葉になってようやく整備がはじまり、全体がまとまるのは大正末年、つまり一九二〇年代半ばである。韓国併合によって「皇族の礼」を受ける王公族が誕生したのは、皇室制度がいまだ定まらぬ明治末年のことであった。当然ながら王公族の法的地位をどのように定めるかは、皇室制度の整備事業の一環として重大な課題となる。

一八八九（明治二二）年二月に制定された明治憲法と皇室典範は、天皇を法律の拘束を受けない存在と位置づけ、皇位継承の原則や譲位の禁止なども規定した。しかし、皇室制度は根幹となる仕組みが定まっただけで、枝葉のない状態がしばらく続く。一八九九年八月には伊藤博文の主導で帝室制度調査局を設置し、皇室婚嫁《こんか》令と皇室誕生令を制定するが、その後は休眠状態となっていた。

伊藤は宮中と府中（政治）を分離して、政府や議会が皇室の事務に口出しできないように皇室制度を構築する考えを持っていた。それゆえ、皇室典範は「国法」ではなく皇室の「家法」として制定され、国務大臣の副署もなく、公布や官報への掲載もなかった。皇室を法律や勅令から離れた場所に置こうとしたのである。

一九〇三年に帝室制度調査局の副総裁に就任した伊東巳代治《いとうみよじ》は、こうした皇室典範の性格を問題視した。彼は伊藤総裁に「調査着手の方針」を提出し、皇室を国法のなかに位置づけて国家の要素たるべきことを明らかにするよう訴えたのである。その結果、皇室制度は大転換を遂げた。一般臣民の法体系が憲法のもとで各法律を定めているように、皇族の場合は皇室典範のもとに個々の皇室令を制定することにしたのである。しかも、皇室令は上諭《じょうゆ》、つまりはじめに天皇の裁可を示す言葉を付して公布し、府中にかかわるものは責任を負う国務大臣が副署しなければならなかった。

これにより、皇族の法として多くの皇室令を制定する必要が生じた。一九〇七年二月一一日に帝室制度調査局が廃局になると、翌年一月二二日には宮内大臣の監督下に四人の皇室令整理委員（岡野敬次郎《おかのけいじろう》法制局長官、奥田義人《おくだよしと》宮内省御用掛、森泰二郎《もりたいじろう》宮内省図書寮《ずしょりょう》編修官、栗原《くりはら》広太《ひろた》宮内大臣官房調査課長）が任命され、帝室制度調査局が起草した皇室財産令や皇族身位《しんい》令などを制定する作業に着手した。

それから二年余りして韓国併合となる。このとき明治天皇の御沙汰によって冊立詔書や朝鮮貴族令の起草を担当したのが、伊東巳代治、岡野敬次郎、奥田義人であった。しかし、第1章でみてきたように、王公族を創設したものの法的地位の確定は棚上げとなり、守り従うべき規律も整備されなかった。皇室の国法上への位置づけを牽引《けんいん》した伊東にはこの措置に忸怩《じく》たる思いがあったはずである。王公族の法的身分を明確化する作業は彼の宿願となった。伊東は一九一六（大正五）年九月に「皇室制度再査議」という意見書を起草して大隈重信《おおくましげのぶ》首相と波多野敬直《はたのよしなお》宮内大臣に提出し、王公族の法、すなわち王公家軌範《おうこうけきはん》を早急に制定する必要があると訴えたのである。

李垠と方子女王の婚約

一九一六（大正五）年当時、王公族の法的身分を確定しなければならない喫緊の問題があった。その遠因となったのが、八月に新聞で大々的に報じられた王世子李垠《イウン》《りぎん》と梨本宮守正王の長女方子《まさこ》女王の婚約である。皇室典範は第三九条で「皇族の婚嫁は同族又は勅旨に由《よ》り特に認許せられたる華族に限る」と定めていた。方子が李垠に嫁ぐにはこの条文を改めるか、王公族を皇族もしくは華族として法的に規定しなければならなかったのだ。

この報道は王公家軌範を制定したい伊東にとって好都合であった。彼は「皇室制度再査議」のなかで「王世子殿下は某女王と婚約成り既に内許を仰〔が〕れたるが如し。果して事実なりせば、結婚に関し依遵《いじゅん》すべき規定は新に制定せられざるべからず」と述べ、結婚を実現するためにも王公族の法的身分を確定する必要があると論じている。

かくして、一九一六年一一月に帝室制度審議会が宮内省内に設けられ、婚嫁の実現を視野に入れながら王公家軌範の制定作業が始動した。総裁には伊東が、委員には皇室令整理委員を担当した岡野、奥田のほか、法律の専門家である有松英義《ありまつひでよし》、石原健三《いしはらけんぞう》、倉富勇三郎、鈴木喜三郎《きさぶろう》、平沼騏一郎《ひらぬまきいちろう》、山内確三郎《やまうちかくさぶろう》らが就任した。

帝室制度審議会はまず「王公家軌範案要綱」を作成し、①王公族は皇族に準ずるので一般臣民の法規を適用しない、②王公族は皇族でも一般臣民でもない特殊な身分に属す、③皇族女子が王公族に嫁ぐのに皇室典範第三九条の改正は必要なく解釈で可能、といった骨格を組み立てた。これにもとづいて王公家軌範案を完成させ、一二月一七日に宮内大臣を経て大正天皇に上奏した。

枢密院の反発

王公家軌範案は前文で、王公族は国法上皇族に準ずるため、一般臣民の法律は適用しないと宣言しており、条文もほとんどが皇室典範や各種皇室令の焼き直しであった。こうした特徴により、帝室制度審議会は王公家軌範を法律ではなく皇室令として制定しようとした。

一九一八（大正七）年五月一四日、王公家軌範案は枢密院へ諮詢《しじゅん》された。五月二〇日に枢密顧問官のなかから伊東巳代治、金子堅太郎《かねこけんたろう》、末松謙澄《すえまつけんちょう》、南部甕男《なんぶみかお》、浜尾新《はまおあらた》、小松原英太郎《こまつばらえいたろう》、穂積陳重《ほづみのぶしげ》、安広伴一郎《やすひろばんいちろう》、一木喜徳郎《いちききとくろう》が審査委員として選出され、審査委員長は伊東が担当した。

2－1　準皇族の位置づけの違い

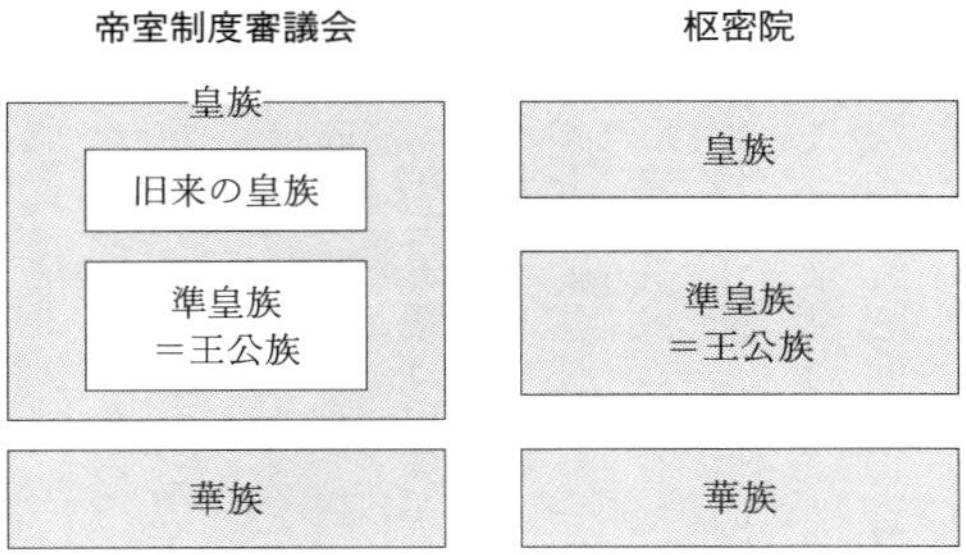

王公家軌範案に対する枢密院の評価は厳しかった。特に一木は王公家軌範を皇室令として制定する法的根拠を強く質《ただ》している。皇族の諸規則は皇室典範にもとづいて皇室令で制定できるが、臣民の権利や義務に関することは憲法上の立法事項であり、法律や勅令で定めなければならなかった。それゆえ一木は、王公族は皇族ではないのだから、特例が存在しないかぎり皇室令ではなく法律を適用しなければならないと批判したのである。

ただし、枢密院は王公族を準皇族として取り扱うことに関しては同意していた。だが、それは帝室制度審議会の考える準皇族とは異なった。帝室制度審議会は皇族のカテゴリーのなかに旧来の皇族と準皇族＝王公族を位置づけていたが、枢密院は準皇族＝王公族を皇族の外に置いていたのである（２－１参照）。

　こうした認識の違いから、一木は王公家軌範案に王公族と皇族の結婚を前提とした条文があることにも批判を加えた。皇族の婚嫁先は皇室典範の第三九条で皇族と華族に限っているにもかかわらず、王公族もその範囲に含まれるかのように見なすのは間違っていると指摘したのである。

　そもそも第三九条は皇族が外国王室に嫁ぐのを防ぐために設けた規定であった。もしここに解釈を持ち込めば、将来なし崩しに皇族と外国王室との縁談が計画されかねない。それゆえ一木は、王公族を皇族の一員と擬して結婚を実施するのは不当だと断じたのだ。

　帝室制度審議会はこうした批判に耐えうる明確な法的根拠を示すことができなかった。三回の審査委員会を経て、ついに清浦奎吾《きようらけいご》枢密院副議長や枢密顧問官らは議了を要求し、王公家軌範案を天皇に返上するか修正するよう迫った。ここで伊東がとった策は、枢密院側の修正意見が決議される前に審査委員会自体を解散させることであった。彼は法案を作成した帝室制度審議会の総裁であると同時に、枢密顧問官として審査する側の長でもあったため、修正を回避できたのである。

　これにより、審査委員会は各編各章の具体的な審議をしないまま幕を閉じた。一九一八年時点で王公家軌範の制定は実現しなかったのである。

典憲二元主義の唯一の例外

伊東が率いる帝室制度審議会は準皇族たる王公族の法を皇室令として制定することにこだわった。しかし、皇族ではない王公族の権利義務は帝国議会の審議を経て法律で定めなければならなかった。政府はこうしたジレンマを解決するために、委任立法に活路を見出す。すなわち、王公族の権利義務に関する事項は皇室令で制定すると規定した法律を別途公布して帝国議会に立法権を委任してもらい、これを根拠として王公家軌範を皇室令で制定しようとしたのである。この法律を「王公族の権義に関する法律」といった。

「王公族の権義に関する法律」案は帝室制度審議会が取りまとめ、一九二六（大正一五）年三月一日に伊東巳代治総裁から一木喜徳郎宮内大臣に提出された。奇《く》しくも、八年前に王公家軌範案に頑強に反対した一木のもとで、王公家軌範を皇室令として制定する作業が再開されたのである。一一月三〇日に「王公族の権義に関する法律」が公布され、この法律にもとづいて翌一二月一日に王公家軌範が皇室令として制定された。

大日本帝国では、皇室典範と明治憲法をともに国家の最高法規と見なして、あらゆる法形式をこの二系統に分属させる典憲二元主義をとっていた。皇室典範の系列に属するものを宮務法、明治憲法の系列に属するものを国務法といい、皇室に関する法は前者、それ以外は後者に振り分けられた。

しかし、王公家軌範に関してはこの垣根を無視し、国務法の法律を根拠に宮務法の皇室令を制定するという措置をとった。それゆえ、「王公族の権義に関する法律」によって典憲二元主義に唯一の例外が生じたのである。

とはいえ、王公家軌範の制定により、王公族ははじめて国法上に位置づけられ、権利や義務が明確になった。

権利としては①隠居できる、②勅許がなければ拘引されたり裁判に召喚されないなどがあり、義務としては③養子縁組ができない、④結婚などでいったん身分を離れた者は王公族に復籍できない、⑤男子は満一八歳で陸海軍の武官となる、といったものがあった。このうち②〜⑤は皇族と同じである。①に関しても一九一八年の王公家軌範案の時点では皇族と同じく認められていなかった。なぜ急遽この権利が加えられたかについては次節の李堈《りこう》《イガン》公家の項で説明する。

王公家軌範の制定により、王公族の範囲も定まった。それは次のとおりである。

王族――「王家」に属し、次のいずれかの条件を満たす者。①王と王妃、②王の子、③隠居した王およびその子、④王の長子孫の系統に在る者およびその子、⑤前項に掲げた者の配偶者。

公族――「公家」に属し、次のいずれかの条件を満たす者。①公と公妃、②公の子、③隠居した公およびその子、④公の長子孫の系統に在る者およびその子、⑤前項に掲げた者の配偶者。

「王家」「公家」とは、王および公を戸主とする家制度と考えればよい。韓国併合時に日本は純宗皇帝とその妃（尹氏《ユンシ》）、高宗太皇帝、皇太子李垠の四名を王族とし、皇帝の弟にあたる義王李堈とその妃（金氏《キムシ》）、太皇帝の兄にあたる興王李熹《りき》とその妃（李氏《イシ》）の四名を公族として冊立した。このうち、王族は李王家、公族は李堈公家と李熹《イヒ》公家を創立したので、それぞれの家への出入りに連動して王族や公族といった身分を得失するように定めたのである。法の名が「王公族軌範」ではなく「王公家軌範」であった所以《ゆえん》はここにあるといえよう。

では、韓国併合時に八名であった王公族の構成はその後どのように変化したのだろうか。

王公家軌範の制定によって王公族の子は生まれながらに王公族と見なされるようになり、一九二六年以降その数は急増する。しかし、実は王公家軌範の制定前であっても新たに王公族になる者がわずかながらいた。冊立詔書で王や公の配偶者を王妃、太王妃、王世子妃、公妃として遇することや、王および公の尊称を世襲する権利を認めていたからである。

次節では、王公家軌範の制定を基軸とし、その前後でいかなる人物が王公族になったのか、李王家、李堈公家、李熹公家ごとにみていきたい。

2　王公族二六名の素顔――恭順か反抗か

I　李王家――大韓帝国の嫡流と皇族からの妃

李太王と李王の日常

李王家の一員として韓国併合時に王族になったのは、高宗太皇帝＝李太王、純宗皇帝＝李王、皇后尹氏＝李王妃、皇太子李垠＝王世子の四名である。

李太王は一八五二年九月八日（旧暦七月二五日）に朝鮮王室の傍系であった李昰応《イハウン》と閔氏《ミンシ》の間に生まれ、幼名を命福《ミョンボク》といった。一八六四年一月に朝鮮王朝の第二五代国王哲宗が子をもうけずに薨去《こうきょ》すると、命福は第二四代国王憲宗の父孝明《ヒョミョン》世子の養子となり、翼成君に封ぜられた。このとき名を載晃《ジェファン》とするが、五日後に王位に就くと、さらに熈《ヒ》と改名している。その後、日清戦争の結果として朝鮮王朝が清の冊封から脱すると、一八九七年に元号を光武《こうぶ》、国号を大韓に改め、初代皇帝に即位した。

李太王の生活リズムは一般人と大きく異なっており、夜更かしの朝寝であった。寝室に入るのは午前三時頃で、さらに近侍の者と雑談してから就寝したため、起床は正午頃だったという。したがって、朝食は食べずに午後二時頃に菓子類や粥を口にし、午後一一時頃になって夕食をとった。食事はほとんどが朝鮮料理で日本料理はめったに口にせず、毎週水曜日は西洋料理であった。酒量は晩年になって減り、ワインを少量たしなむ程度だったという。入浴は一週間に一度くらいで、運動はほとんどしなかった。

　李太王は一八六六年に閔致禄《ミンチロク》の娘閔氏と結婚し、七四年に嫡男をもうけ、翌年に坧《チョク》と命名した。李坧は一九〇七年に大韓帝国の第二代皇帝となるが、その三年後に韓国併合で統治権を日本に譲渡し、初代李王になっている。

徳寿宮李太王（高宗）

　李王は、韓国併合時にはすでに心身ともに衰弱し、侍従が左右で支えなければ階段の昇降すらままならない状態であった。ところが、併合後は歩行が可能となり、応対も快活になったという。寺内正毅はその理由を、国事多難の心痛から解放されたからではないかと述べている（「寺内統監上奏書」）。併合後は土曜日曜を除いて毎日午後二時から四時まで趣味のビリヤードに興じ、夜は蓄音機に耳を傾けるという悠々自適の生活を送った。

　性格は非常に神経質で、起床、就寝、入浴などの時間は自ら時計を見て定刻を厳守した。また、非凡な記憶力を有しており、謁見《えっけん》した者の姓名を忘れることが

2－2　李王家系図

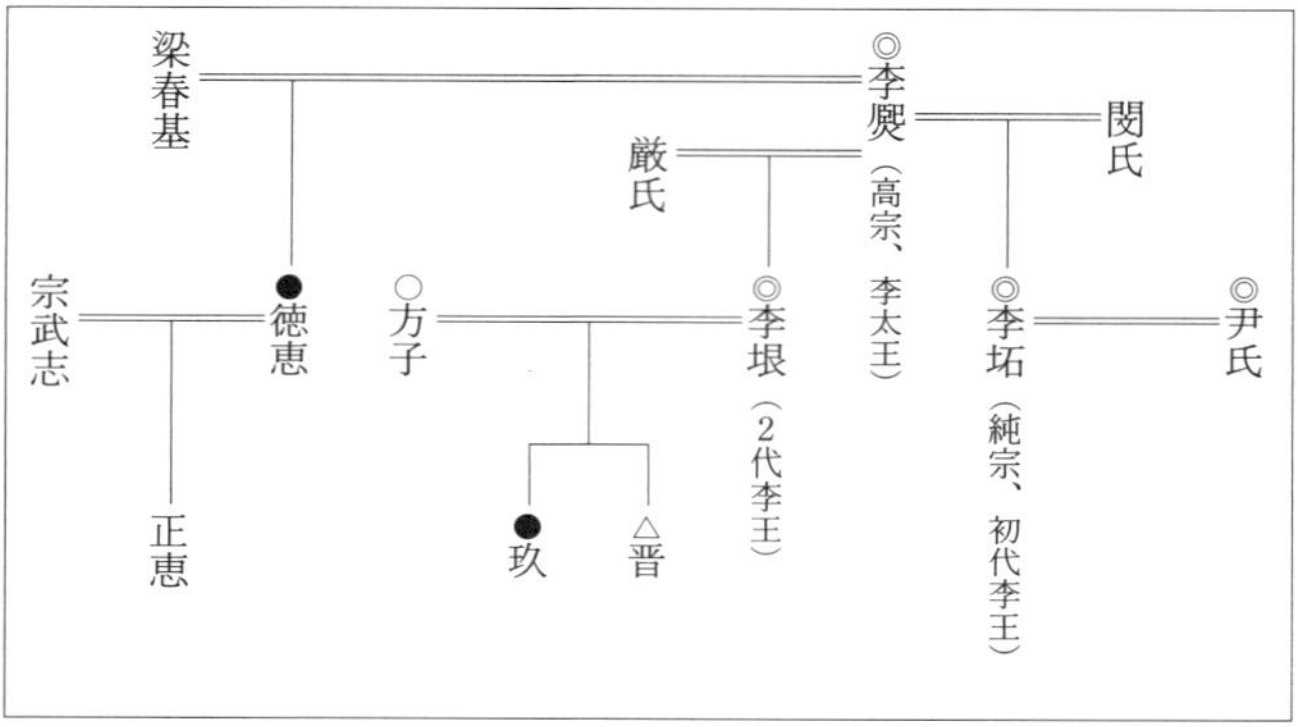

註記：◎は1910年に王族になった者．○は1910～26年の間に王族になった者．●は1926年以後に王族になった者．△は書類上王族と見なされた者

昌徳宮李王（純宗）夫妻

なかったという。これは李太王も同じで、旧臣たちの家系に詳しかったり、人物の姓名年齢や過去の出来事の日時を事細かく記憶していた。

李王は最初の妃として閔台鎬《ミンテホ》の娘閔氏を娶《めと》っていたが、一九〇四年一一月に死別した。その後、一九〇七年一月に尹沢栄《ユンテギョン》の娘尹氏を新たな妃としていたため、彼女が併合時に李王妃となっている。李王妃は怜悧《れいり》で学才があった。併合前から児玉秀雄統監秘書官夫人や小宮三保松宮内次官夫人から日本語を習っており、侍女らにも学習を奨励していた。それゆえ、日常の会話程度ならば日本語でも支障がなかったという。

李王夫妻は主に朝鮮服で過ごした。ただし、李王には威厳を誇示するために陸軍大将としての待遇が認められていたので、外出や儀礼の際には軍服を着用した。食事は帝国ホテルの初代料理長を務めた吉川兼吉《よしかわかねきち》親子が調理するフランス料理を好み、ほぼ毎日洋食を口にしている。調理に牛乳を多用するため、李王家では宮内省から払い下げられた最良牛を飼育していた。

住居は徳寿宮と昌徳宮

韓国併合によって、景福宮などは朝鮮総督府が引き継いだが、徳寿宮と昌徳宮は李王家所有のままであった。それゆえ、併合前後で李太王と李王夫妻の居所に変化はなかった。

李太王が常住した徳寿宮は、第九代国王成宗の兄月山君の私邸として建てられた宮殿なので、景福宮や昌徳宮に比べると手狭であった。朝鮮王朝では景福宮の光化門や昌徳宮の敦化門のように、王宮の正門に「化」を用いる慣習がある。徳寿宮にも南の小路に面して仁化門という小さな正門があったが、一九〇四年に起きた火災の復旧に際してこの門を廃し、東の大通り側に壮大な大漢門を新築していた。京城帝国大学の教授などを歴任し、『徳寿宮史』を執筆した小田省吾《おだしょうご》によると、「大漢」という名称の付け方は、清との宗属関係から脱した大韓帝国が漢王朝の興隆を自任していた表れだという。その証左として、高宗（李太王）は皇帝即位の詔勅でも漢の創建に触れていた。

李王夫妻が居所とした昌徳宮は徳寿宮の北東に位置し、約一九万六〇〇〇坪に及ぶ広大な面積を有した。

宮殿の東には動物園、植物苑、博物館、スケート場を備えた昌慶苑という施設が併設されていた。ここが整備されたのは、一九〇七（明治四〇）年に純宗（李王）が皇帝として即位したときにさかのぼる。当時、皇帝の居所を徳寿宮から昌徳宮に移すために修繕工事が進められていた。それを視察した李完用《イワニョン》首相と李允用《イユニョン》宮内府大臣は、工事監督の小宮三保松に、皇帝が新居で文化的な生活を送れるようにしてほしいと提案した。これを受けて昌徳宮に隣接する昌慶宮に動物園などの諸施設が建設されることになったのである。昌慶宮は朝鮮王朝時代に荒廃が進み、一面に草が生い茂る惨状になっていたため、有効利用の意味でも最適であった。

一九〇八年八月に御苑事務局を設置すると、まず市内の私立動物園を買収して動物を確保し、経営者だった劉《ユ》漢性《ハンソン》らを職員として雇用した。博物館に陳列する古美術は小宮三保松や大韓帝国宮内府の事務嘱託であった下郡山誠一《しもこおりやませいいち》が漢城の骨董《こっとう》商から購入して集めた。しかし、下郡山によると、そのほとんどは日本人に雇われた韓国人が盗掘した品であったという。こうして整備された昌慶宮は、一九〇九年一一月一日に昌慶苑として開苑した。李王が遊覧する木曜日以外は一般にも開放され、桜の時期には数万人が来苑する名所となった。

昌慶宮（苑）　整備前（上），整備後（下）

　李王夫妻の日常生活は、昌徳宮内の南に位

置する大造殿で営まれた。大造殿内の東にある興福軒が李王の居室、北西にある景薫閣が李王妃の居室であった。

一九〇九年には大造殿の西側に浴室が設けられている。これは李王の意に沿うもので、彼はよく利用した。元来朝鮮では毎日入浴するという習慣はなかったが、日本人の流入にともなって市内に銭湯が増加するなど、次第に風呂文化が定着していく。昌徳宮に浴室がなかったときには、国王の寝室に油紙を敷いた小さな部屋が付設してあり、そこで沐浴《もくよく》した。丸太をくり抜いた大きな容器に湯が用意されており、国王がそのなかに入ると、乳母が小豆《あずき》石鹸《せっけん》と柔らかい木綿のタオルを使って体を洗ったのである。浴室ができてからも李王の入浴時には趙鍾応《チョジョンウン》という乳母が世話をした。

昌徳宮の火災と御真影

一九一七（大正六）年一一月一〇日、昌徳宮は殿閣の大部分を焼失する大火災を経験している。火元は大造殿景薫閣に近接する女官更衣室のオンドルであった。午後五時一五分頃、景薫閣で寛《くつろ》いでいた李王妃は、つむじ風の吹き荒れる音を聞いたという。御附の女官が外の様子を確認しようと戸を開けたところ、目の前に火が押し寄せてくるのを発見したのである。午後五時半頃になって警報がなり、常駐の消防隊が出動した。しかし、水圧の低さと強風に苦しめられ、鎮火には三時間を要している。

昌徳宮の建造物は伝統的な家屋のため、保険に加入してはいたが、防火壁などは設置していなかった。消火中には大造殿と他の殿閣を結ぶ回廊を破壊して仁政殿や宣政殿への類焼を抑える措置がとられている。これによって被害は限定的となったが、大造殿やその南に隣接する熙政堂などは全焼した。

李王が避難するときにもっとも気にかけたのは、天皇と皇后の御真影であった（『王公族録　大正六年』）。天皇の御真影は李王の御学問所たる養心閣、皇后の御真影は李王妃の御講習所にそれぞれ奉安されていたが、両方とも火元に近く灰燼《かいじん》に帰した。後日、李王職職員と警務部職員が立ち合いのもとで灰を箱に納め、秘苑《ピウォン》内のもっとも清浄な地を選定して奉納した。秘苑とは、昌徳宮内の北側を占める広大な庭園である。

大造殿を修復するまでの仮殿として、李王夫妻は昌徳宮内の南東にある楽善斎に入った。しかし、ここは手狭で近侍する女官らの部屋を確保するのにも困るほどであった。それゆえ、李完用は李太王のもとへ伺候した際に、徳寿宮への移宮の可能性を相談している。李太王はこれに同意しつつも、言責は避けたいとして、李王には伝えなかった。

ところが、尹徳栄《ユンドギョン》がこの事実を耳にし、李王に言上してしまう。すると李王は不快感を露にし、「天皇陛下から賜った昌徳宮だから動かぬぞ」（『李王宮秘史』）と述べて李完用を叱責《しっせき》した。これを聞いた権藤四郎介李王職事務官は、李王は併合時に賜った昌徳宮の「宮号」によって李王家の祭祀が保たれると信じていたため、このように発言したのであろうと説明している。結局、李王夫妻は徳寿宮へ移らず、大造殿を修繕する二年ほどを不便な楽善斎で過ごした。

李垠をめぐる許嫁の噂

李王の異母弟李垠は大韓帝国の皇太子であった一九〇七（明治四〇）年に東京に留学し、そのまま韓国併合を迎えて李王家の王世子（跡継ぎ）となった。公式の場を除いては「昌徳若宮」と呼称されている。

一九一一年一月に学習院に入学するが、すぐに陸軍幼年学校へ編入した。その後は陸軍中央幼年学校、陸軍士官学校、陸軍大学校と進学して皇族と同じく軍人としてのエリート街道を邁進《まいしん》する。特に言語能力に秀でており、日本語は教官が目を見張るほどの成績で、英語も流暢《りゅうちょう》であった。成人してからは軍人勅諭の暗誦《あんしょう》がうまいことで評判になっている。

前節でも言及したように、李垠は一九一六（大正五）年に梨本宮守正王の長女方子女王と婚約した。しかし、彼は大韓帝国の皇太子だったときに許嫁《いいなずけ》を選定する揀択《カンテク》という儀式を実施していた。これについて閔泳敦《ミンヨンドン》の娘閔甲完《ミンガプァン》は自伝『百年恨』のなかで、最終的に選ばれたのは自分であると主張している。だが、通例三段階にわたる選考は第一回目を行っただけで終了しており、実際は最終的な候補者の選定には至らなかった。大韓帝国の公的記録『承政院日記』を調べるかぎり、閔甲完はこの第一回目の揀択ですら選ばれていない。また、彼女は揀択の会場に軍服を着た伊藤博文統監が同席していたと述べているが、このとき伊藤は京都にいた。このように閔甲完の証言にはさまざまな矛盾があるので、『百年恨』の史料的価値は低いといえよう。

しかし、李垠に許嫁がいた可能性がまったくないわけではない。たとえば、李王職の王世子附事務官だった高義敬《コヒギョン》は、病気見舞いに訪れた李垠に対して李太王が「不思議なることには汝《なんじ》にも予《よ》と同様の事出来せり」（『倉富勇三郎日記』一九二二年二月一八日）ともらしたのを聞いたという。李太王は金氏という女性と結婚を約束しながら別の人を妃にしたために、彼女に独居生活を強いた過去があった。それゆえ、李太王の発言はひそかに李垠の妃候補を定めていた証《あかし》だと高義敬は述べている。

これ以外にも、大韓帝国の軍人を経て日本陸軍の少将となった魚潭《オダム》は、一九〇七年に譲位して落ち込む高宗（李太王）を慰めるために、李垠の母厳氏《オムシ》が李完用の令嬢を皇太子妃として迎えるべく話を進めていたと回顧している。当時李完用は国家の首班であり、日本とのコネクションも持っていたので、大韓帝国皇室の安定につながると考えたのかもしれない。

だがこの縁談は、近代改革を推進する伊藤博文が早婚を禁じたために実現せず、李垠は東京留学の途に就いた。李完用の娘はその後しばらく独身を貫いたが、方子が李垠の婚約者として内定すると、ようやく他家に嫁いだという。

方子が婚約者となった真相

李垠と結婚することになる方子は、一九〇一（明治三四）年一一月四日午前七時四五分に麹町《こうじまち》区一番町二番地の邸宅で誕生した。父は梨本宮守正王、母は旧佐賀藩主鍋島直大《なべしまなおひろ》の次女で、伊都子《いつこ》といった。

李垠と方子の結婚は、朝鮮人と日本人、王族と皇族といったセンセーショナルな結びつきであったことから、国家主導の政略結婚との認識が一般に定着した。それを助長したのが、この結婚を「日鮮融和の礎」として描写した方子の自伝『流れのままに』である。

自伝によると、方子は一九一六（大正五）年の夏に大磯の別荘で過ごしていたところ、何気なく広げた新聞によって李垠と婚約した事実を知ったという。方子が動揺して涙していると、伊都子がそっと近づいて縁談の経緯を次のように説明した。

じつは先ごろ、宮内大臣が重ねておみえになって、陛下のおぼしめしだから、ぜひに――とお話があったのです。おもうさま（おとうさま）ともご相談のうえ、国と国との大きな問題で、大役のことだからと、ずいぶんご辞退申しあげたのだけれど、「日鮮の結びがひとしお固くなり、一般人民の手本ともなる」との陛下のおぼしめしということで、やはりお受けせねばならなかったのです……。

（『流れのままに』）

しかし、この記述をもって李垠との結婚が大正天皇や宮内省の命令だったと断定するわけにはいかない。なぜならば、縁談を取りまとめた当事者である母の伊都子は、これとはまったく異なる経緯を日記のなかで告白しているからである。

宮内大臣（波多野）参られ、伊都子に逢たき旨故、直《じか》に対面す。外にはあらず、兼々《かねがね》あちこち話合居《おり》たれども色々むつかしく、はかばかしくまとまらざりし方子縁談の事にて、極《ごく》内々にて寺内を以て申〔し〕こみ、内実は申〔し〕こみとりきめたるなれども、都合上、表面は陛下思召《おぼしめし》により、御沙汰にて方子を朝鮮王族李王世子垠殿下へ遣《つかわ》す様にとの事になり、同様、宇都宮なる宮殿下すでに申〔し〕上たりとの事、有難く御受けして置く。しかし発表は時期を待つべしとの事。

（『梨本宮伊都子妃の日記』一九一六年七月二五日）

これによると、梨本宮家はあちこちで方子の嫁ぎ先を探したが、なかなかまとまらなかったため、寺内正毅総督を通じて「極内々にて」李王家に縁談を申し込んだということになる。しかし、そうした事実を覆い隠すため、「都合上」天皇の御沙汰＝命令によって方子が李垠に嫁ぐという形式をとっていた。つまり、この縁談は宮内省が両家に押しつけたわけではなく、梨本宮家が主導していたのである。

小原駐吉の回顧による裏付け

伊都子のこの記述を裏付ける史料が、最近になって宮内庁宮内公文書館で見つかった。宮内省宗秩寮《そうちつりょう》（皇族や華族の事務を司《つかさど》る部局）の事務官として縁談のパイプ役となった小原駩吉《おはらせんきち》の回顧談である（『男爵小原駩吉氏談』）。

事の発端は、婚約報道の二～三年前に小原が梨本宮家を訪問したときにさかのぼる。四方山話《よもやまばなし》の途中で突然伊都子が李垠について話しはじめ、「若《も》し成立するものなれば、王女方子女王を王世子の妃と為すことは如何《いかん》」と切り出したのだ。伊都子は以前から伯父の藤波言忠《ふじなみことただ》子爵や母の鍋島栄子《ながこ》から李王家との縁組を勧められており、彼女自身もそれを希望していたのである。

翌日、小原は伊都子の発言を宗秩寮総裁や宮内大臣に報告し、方子の体質や学習院女子部における成績を調査した。また、たまたま上京中の寺内総督にも相談し、「至極適当の御縁談なり」との賛同を得ている。ただし、寺内は朝鮮の動向を気にし、好機が訪れるまで話を進めるべきではないと慎重であった。

これ以後、縁談は寺内に一任され、しばらく停滞する。しかし、守正王が皇居に参内したときに、大正天皇から突如「方子女王は王世子に嫁すること確定したりや」と下問され、奉答に窮《きゅう》するという事態も生じていた。なぜ大正天皇が知っていたのか定かではないが、小原は総督か宮内大臣が何かの機会に上申したのではないかと憶測している。

また、噂は方子の耳にも届いており、彼女は梨本宮家附の宮内事務官坪井祥の娘に「自分は王世子に嫁する旨の噂あるが果して真実なりや。内々汝《なんじ》の父に聞糺《ききただ》し〔て〕呉《く》れ」と依頼していた。それゆえ、宮内省としてはこのまま放っておくわけにはいかない状況になっていたのである。

しかし、寺内はなかなか動かなかった。一九一六（大正五）年四月に京城（現ソウル）に出張した石原健三宮内次官が縁談を進めるよう依頼したときも、しばらく待つよう答えるのみであった。

ところが、それから三ヵ月後の七月五日に寺内が上京し、事態は急転する。宮内大臣の命を受けた梨本宮家附の事務官が、歩兵第二八旅団長として宇都宮に在職中の守正王を訪問し、ある伝言をしたのである。内容は伊都子の日記にあるように、天皇の御沙汰という名目で方子を李王家に嫁がせるということであった。それを聞いた守正王がどのような反応を示したのかはわからないが、少なくとも伊都子は「有難く御受けして置く」と述べている。

しばらくして、今度は閔丙奭《ミンビョンソク》李王職長官が李王家の使者として上京し、寺内にともなわれて日光御用邸の大正天皇に拝謁した。閔丙奭の使命が何だったのかは明らかとなっていない。ただし、彼は京城に戻る前に守正王がいる宇都宮にも立ち寄っているので、結婚に関連する話があったとみて間違いないだろう。

皇族の礼遇という魅力

なぜ梨本宮家は李王家との縁談を望んだのだろうか。

その答えは皇室典範の第三九条にある。この規定により、皇族女子は皇族男子と結婚できなければ臣民に属する華族に嫁ぐしかなかった。外国の王室に婚嫁することは認められていなかったのである。梨本宮家は女児しかおらず、将来廃絶の可能性が高かったため、できれば皇族と姻戚関係を結びたかったであろう。しかし、皇族男子は数に限りがあるうえに、華族の娘を娶ることもあるので、皇族女子が嫁ぐのは容易ではなかった。伊都子が日記のなかで方子の縁談がはかばかしくまとまらないと嘆いていたのはそれをよく表している。そうした切実な状況で梨本宮家が目を付けたのが、「皇族の礼」で遇され、天皇家に次ぐ巨額の歳費を受け、旧大韓帝国皇室の正統でもある李王家だったのだ。

上流階級が姻戚関係を結ぶ際に家柄や血統を重視するのは珍しくない。たとえば伊都子は、明仁《あきひと》親王（今上天皇）の妃として民間出身の正田美智子を迎えることが発表されたときに「もうもう朝から御婚約発表でうめつくし、憤慨したり、なさけなく思ったり、色々。日本ももうだめだと考えた」（『梨本宮伊都子妃の日記』一九五八年一一月二七日）と述べている。この露骨な表現から、彼女がどれほど身分に執着していたかがわかる。

李垠と方子の婚約発表から一年後の一九一七（大正六）年六月、李王は大正天皇へのご機嫌伺いのために総勢五〇名余りを引き連れて上京している。そのときの待遇は次のようなものであった。①下関到着から同所出発まではすべて皇室待遇、②下関から東京の汽車は臨時の御料車を準備する、③東京の宿所は霞《かすみがせき》関離宮、愛知では名古屋離宮（名古屋城）を利用する、④東京駅に着いたときには皇族、首相、宮内大臣ほか閣僚や親任官らが出迎える、⑤東京駅から宿所までは皇族の公式鹵簿《ろぼ》（行列）を編成する、⑥離宮には儀仗《ぎじょう》衛兵を配置し、構内は皇宮警察官が警衛する。梨本宮家はこうした対応をみて、李王家との結びつきをより強く願うようになったのではないかと思われる。

なお、民族の枠を超えて身分を重視したのは梨本宮家に限ったことではない。一九三一（昭和六）年一一月に訪日したエチオピア皇帝の親族リジ・アラヤ・アベバ公が日本人との結婚を望んだときには、多数の女性が手をあげているからだ。最終的に華族の令嬢である黒《くろ》田雅子《だまさこ》が縁談を勝ち取ったが、複雑な国際情勢下にあるエチオピア側が難色を示したため、この話は当事者同士が一度も会うことなく立ち消えとなっている。

避けられぬ皇室典範の修正

梨本宮家の発意にもとづく李垠と方子の縁談は、宮内省と寺内総督を巻き込んで李王家に伝えられ、ついに現実味を帯びるようになった。しかし、王公族が皇族か華族であるという確証がなければ、この計画は皇室典範違反になりかねなかった。

それゆえ、先述したとおり、伊東巳代治はこの縁談を実現するためにも王公家軌範を制定して王公族身分を法的に規定する必要があると訴えたのである。だが、同法案は枢密院の批判を受け、一九一八（大正七）年時点では成立しなかった。ただし、枢密院は結婚の実行については賛同しており、王公族を皇族と見なすのではなく、皇室典範を増補して皇族女子が王公族に嫁ぐことを認めるという代替案を示していた。

しかし、王公族を皇族のカテゴリーにある身分として法的に規定したい帝室制度審議会の伊東や平沼らはこの案に頑強に反対した。皇族女子の嫁ぎ先にわざわざ王公族を追加するという行為は、王公族が皇族の「同族」ではないと明示するに等しかったからである。

こうして縁談は再び停滞した。だが、この計画は天皇の御沙汰という形式を踏んでおり、李王家としてもそれを喜んで受け入れているので、いまさら中止にはできなかった。たとえば波多野宮内大臣や原敬首相は、「思召を李王家に伝えられて、李王家にて歓《よろこ》んで御迎すべき旨奉答したれば、今更変更出来ぬ」「李王家に御思召の御伝ありたる已上《いじょう》には、是れは絶対的不変更のものとして御遂行相成るべし」（『原敬日記』一九一八年一〇月八日）と述べている。

そこで政府と宮内省は、帝室制度審議会の反対を押し切り、皇室典範を増補する途に舵《かじ》を切った。しかし、皇室典範は明治憲法に並ぶ国家の最高法規である。増補するのは容易ではなく、複雑な手続きを経なければならなかった。

一九一八年一〇月二六日、皇室典範の第三九条に「皇族女子は王族又は公族に嫁することを得」の一文を加えるという宮内省の増補案が、まず枢密院に諮詢された。この案は一〇月二八日の枢密院審査委員会でも、一一月一日の臨時枢密院本会議でも、全会一致で可決となる。

皇族会議の召集と奉幣奉告祭

増補案は次に皇族会議に上程された。皇族会議とは摂政の設置や皇族の処分、皇室典範の改正・増補など、皇室の重大案件を審議するために勅命にもとづいて開かれる会議である。成年以上の皇族男子が構成員で、皇室典範に関して議論する場合は三分の二以上の定足数を満たさなければならなかった。したがって、呉《くれ》で軍艦乗組中の伏見宮博義《ふしみのみやひろよし》王、江田島《えたじま》兵学校在学中の山階宮武彦《やましなのみやたけひこ》王、金沢第七連隊大隊長の東久邇宮稔彦《なるひこ》王など、地方に在住する皇族に召集の急電が発せられた。

一一月二日の早朝に伏見宮貞愛《さだなる》親王、閑院宮載仁《かんいんのみやことひと》親王、梨本宮守正王ら多数の皇族をはじめとして、原首相、山県有朋枢密院議長、松方正義内大臣、横田国臣《よこたくにおみ》大審院長、波多野宮内大臣、倉富帝室会計審査局長官らが宮中東溜《ひがしだまり》の間に参内した。大正天皇も正親町実正《おおぎまちさねまさ》侍従長と内山小二郎《うちやまこじろう》侍従武官長を随《したが》えて出御し、正面の玉座に臨席している。議長の伏見宮貞愛親王が開議を宣告すると、山県枢密院議長がこれまでの経過を報告し、増補案を朗読した。

天皇、皇族ともに異議はなく、満場一致で可決となる。

さらに大正天皇は、一一月二八日に宮中の賢所《かしこどころ》、皇霊殿、神殿において皇室典範増補の奉告祭を行い、同時に掌典の川鰭公篤《かわばたきんあつ》、長谷信道《はせのぶみち》、烏丸光大《からすまるみつまさ》をそれぞれ伊勢神宮、大和畝傍《うねび》神武天皇山陵、伏見桃山明治天皇山陵に勅使として派遣し、奉幣奉告祭を実施した。こうしてようやく皇室典範の増補が実現し、官報号外で一般に伝えられた。

一二月一日、東京に滞在中の国分象太郎《こくぶしょうたろう》李王職次官がフロックコートの礼装で赤坂青山北町の梨本宮邸を訪問し、李王に代わって正式に縁組を申し入れた。一二月三日に京都から帰宅した守正王は、翌日、麻布鳥居坂の王世子邸に特使を派遣して受諾の意を伝達している。その後、一二月五日に勅許が下され、八日に結納を行い、一三日に来年一月二五日に挙式することが正式に決定した。この頃になると、新聞紙上では「同化の好模範」「内鮮同化の上に一大刺激」(『京城日報』一九一八年一二月七日、一八日) といった文言が躍るようになる。

ただし、そのような表現が婚嫁計画の本質を反映しておらず、後づけの解釈にすぎないことはすでにみてきたとおりである。

父親の複雑な思い

李王職事務官の権藤四郎介によると、李垠の父李太王は皇族から花嫁を迎えて姻戚関係を結べば李王家の安泰につながるため、一日も早く挙式するよう小宮三保松李王職次官に告げていたという。王公族は「皇族の礼」で遇されてはいたが、皇族と同列にあるという法的根拠を備えていたわけではなかったので、このように発言したとしても不思議ではない。このほかにも、当時の新聞や雑誌などでは李太王が婚儀を心待ちにし、結納品や結婚衣装の調達について自ら指示していると報じられている。

しかし、これとは正反対の意見もあった。李王職の王世子附事務官であった高義敬は、このたびの縁談を朝鮮の儒学者はあまり喜んでおらず、それは李太王も同様だと王世子顧問の倉富勇三郎に告げている。倉富はこの意見に理解を示し、日本でも皇族を王族に嫁がせることに憤慨している者がいると応じた。第1章でみてきたように、李太王は併合以前に抗日的な活動を展開してきた。日本人を嫌悪するのも当然であろう。

権藤と高義敬の証言は相反しているが、両立しないわけではない。父親の感情としては愛息の妃を日本から迎えたくないが、帝国日本のなかで李王家を維持していくためには皇族との縁談を望んだとみることも可能であろう。

「家」を守るという要因によって生じたこうしたアンビバレントな思いは、梨本宮家も同じだったはずだ。守正王は縁談が成就した場合に方子が朝鮮で暮らすことになるのかを気にかけており、宮内大臣に尋ねていた。李王家との姻戚関係を望みつつも、できることならば娘の嫁ぎ先は日本の家にしたかったのである。

李垠と方子の縁談は皇室典範の増補という大きなハードルを越えてようやく実現するかに

みえた。しかし、挙式を四日後に控えた一九一九（大正八）年一月二一日に李太王が急逝し、再び停滞する。

李垠の服喪期間に関して、李王や朝鮮貴族、儒学者らは朝鮮伝統の三年（数え年なので実質的には二年強）を主張した。しかし、大正天皇が早期の婚儀実現を所望し、それに関しては李王も同じ考えであった。こうしたことから、李垠は皇族と同じく一年間の喪に服し、忌明けの翌年四月二八日に華燭《かしょく》の典《てん》をあげている。結婚と同時に方子は王世子妃として王族となった。ただし、王公家軌範の制定前なので、冊立詔書の解釈にもとづいて王族になったにすぎない。

「王世子の系嗣」李晋の誕生

婚儀直後の一九二〇（大正九）年六月九日、式当日に爆弾投擲《とうてき》の未遂事件があったことが新聞で大々的に報じられた。主犯は正則《せいそく》英語学校四年生の徐相漢《ソサンハン》である。彼はこの結婚が朝鮮独立の障害になると考え、式を攪乱《かくらん》するために爆弾で騒ぎを起こそうとした。李垠と方子に危害を加えるつもりはなく、標的は第三代朝鮮総督に就任した斎藤実であったという。徐相漢には爆発物取締罰則違反で懲役四年（のち禁固四年）、事情を知らぬまま爆薬の製造を手伝っていた未成年の植村金作と今井幾朗には銃砲火薬類取締法違反で罰金刑の判決が下った。

李垠夫妻の新婚生活は凶悪なテロ事件に巻き込まれかねない危機のなかでスタートした。

しかし、王世子邸では外の喧騒《けんそう》とは裏腹に平穏な日々が続いた。方子はこの当時について「夢のようにしあわせな日々……月並みなことばかもしれませんが、そのとおりの、そうとしかいいようのない新婚生活がすぎてゆきました」（『流れのままに』）と述懐している。一九二〇年の暮れには身体の変調に気づき、典医の診断で懐妊したことが判明した。五ヵ月と九ヵ月の着帯式を無事終え、一九二一年八月一八日午前二時三五分に男児を出産している。八月二四日には李王が選定した名前が李載克《イジェグク》李王職長官によって東京に届けられ、晋《しん》《ジン》と命名された。

李垠と方子，1920年４月

李晋は王族の子として誕生したが、生まれながらに王族になれたわけではない。このときはまだ、王公族の子は王公族であると規定した王公家軌範が制定されていなかったからである。

先述のとおり冊立詔書には、①王公族の妃をそれぞれ王妃、太王妃、王世子妃、公妃にすることや、②王および公の尊称を世襲する権利が明記されていた。これにより、方子のように王公家軌範が制定される一九二六（昭和元）年一二月以前であっても新たに王公族になる者はいた。李晋の場合も李王と李垠が相次いで薨去して王の尊称を継ぐことになれば王族になりえたが（②）、そうでなければ王公家軌範の制定を待たなければならなかったのである。

したがって、李晋の待遇はたとえ王世子李垠の子であっても一般臣民と同じようにならざるをえなかった。大正天皇はそれを避けるために、李晋の誕生と同時に詔書を公布し、応急処置として「王世子の系嗣に殿下の敬称を用いしむる」と宣言している。これによって李晋に敬称が付与され、彼は高貴な存在として扱われることになった。とはいえ、あくまでも王族とは見なせなかったので、詔書の文言も「王世孫」ではなく「王世子の系嗣」であった。

突然の別れ

一九二二（大正一一）年四月二三日、李垠一家と倉富勇三郎王世子顧問、高義敬王世子附事務官、小山善《こやまぜん》王世子附典医ら一行は、兄である李王に結婚の報告をする覲見式《きんけんしき》などを執り行うため、京城に向かった。

儀式は当初洋装で実施する予定であったが、朝鮮貴族の反対により、朝鮮の伝統様式で行われた。李垠は竜袍《りゅうほう》という緋色《ひいろ》の上衣や冠を着用し、方子は翟衣《てきい》という朝鮮の大礼服を着て、頭には人が支えなければ歩けないほど重い大カツラをかぶった。

行事は二週間にわたり、最終日の五月八日には、昌徳宮の仁政殿で晩餐《ばんさん》会が開かれている。

会が終わって李垠夫妻が居室のある徳寿宮の石造殿に戻ると、御用取扱の桜井柳子が血相を変えて李晋の異変を伝えてきた。即座に小山典医や朝鮮総督府医院の志賀潔《しがきよし》院長が嘔吐《おうと》と下痢を繰り返す李晋を診察した。しかし、容態は一向によくならず、翌日午前四時には体温が三八・四度まで上がってしまう。

五月一一日、倉富の指示で排泄物《はいせつぶつ》を目視で調べたが、中毒症状はみられなかった。後から加わった小児科の開業医池田季雄は、体中の水分が欠乏して肝臓が乾いていると判断し、胃部に氷のうを当てて吐気を鎮め、水を与えるよう勧めた。しかし、志賀はこの療法に反対し、食塩水の注射のみにとどめてしまう。これが原因かはわからないが、同日午後三時頃に李晋は危篤に陥り、李垠夫妻や侍女が見守るなかで永眠した。一歳に満たない短い命であった。診察書を作成した小山は病名を「消化不良」としている。志賀は池田が勝手に身体を揺らすなどしたため死期を早めたとその療法を批判し、責任を転嫁した。

朝鮮では国王の兄弟でも幼くして亡くなった場合は葬儀を行わず、ただ埋葬するのみであった。しかし、李王の情宜《じょうぎ》により、五月一七日に李王職によって朝鮮式の葬儀が行われ、遺骸《いがい》は清涼里《せいりょうり》にある崇仁園の森林内に埋葬された。李垠の母厳氏が眠る永徽園《えいきえん》とは峰つづきの場所である。

倉富は李晋の守り刀やおもちゃを柩《ひつぎ》に納めずに東京に持ち帰ることを李垠夫妻に提案した。身近なところにも礼拝できるような施設を作り、そこに埋めてはどうかと考えたからである。

この気遣いに方子は大いに喜んだという。

八月一一日に王世子邸の庭に神祠《しんし》が竣工し、李晋の誕生日である八月一八日に百日祭を実施した。ただし、守り刀は神祠に適さないので屋内で保管し、李垠夫妻は代わりに写真を納めている。神祠の建設費用四〇〇〇円は、京城行きのときに皇室から賜った一万円の残りと、方子の手元金で半分ずつ賄われた。李王家歳費から捻出しなかったのは、李王職を通さずに倉富と李垠夫妻の独断で神祠を建設した事実が表沙汰になるのを避けたからである。

待望の第二子李玖

方子は李晋と死別後、一九二三（大正一二）年の春に流産を経験する。李垠の兄である李王も身体に障害があって子をもうけられなかったため、宮内省や李王家は継承問題に悩まされた。王公家軌範の制定後には四世以内の公族に限って王の尊称を継がせられるようになり、李王家の途絶はひとまず回避されたが、直系による存続がわずか二代というのはいかにも不格好であった。

一九二七（昭和二）年一月、昭和天皇から李垠に紀尾井町の北白川宮邸跡が贈与された。当初は敷地だけの予定であったが、李王家予算に邸宅を建築する余裕がなかったため、さらに一〇〇万円が下賜されている。李垠夫妻は一九三〇年三月に新居へと引っ越した。

前年一〇月一八日に「後屈症」の手術を受けていた方子は、新居に移ってすぐに懐妊した。

しかし、四月一九日に「急性羊水過多症」で大学病院に入院し、四月二六日午後七時に再び流産してしまう。

だが、一九三一年五月にツワリがあり、一二月二九日午前八時二二分に男児を出産した。産所に参候した宮内省の岩波武信事務官が宮内大臣に上申し、宮内省告示をもって分娩の結果が一般に伝えられた。待望の嗣子は翌年一月四日に玖《きゅうグ》と命名されている。王公家軌範制定後に誕生した李玖は、生まれながらの王族であった。

李太王の愛娘李徳恵

李王家に属する人物は、李垠一家と別にもう一人いた。還暦を迎えた李太王が一九一二（明治四五）年五月二五日に徳寿宮の厨房《ちゅうぼう》で働く下級の女官梁春基《ヤンチュンギ》との間にもうけた女児である。李王や李垠の異母妹にあたるこの子は、誕生後しばらく阿只《アギ》（赤ん坊の意）と呼ばれていたが、二一年五月に徳恵《とくけいドッケエ》と命名された。

徳恵はしばらく朝鮮で暮らし、学齢期になると在朝鮮の日本人や少数の朝鮮人上流階級の子弟が在学する京城の日の出小学校に通った。その後、二五年三月に上京して李垠一家が住む鳥居坂の邸宅に転居し、四月に女子学習院本科に編入している。「憲政の神様」として知られる政治家尾崎行雄《おざきゆきお》の娘雪香《ゆきか》は徳恵の同窓であった。彼女によると、徳恵は口数が少なく、運動会ではいつもビリで気の毒だったという。

徳恵の誕生時に朝鮮総督であった寺内正毅は、渡辺千秋宮内大臣に送った電報で、李太王は一代限りの特別な身分のため、女児を皇室親族令に準じて取り扱う必要はないだろうとの考えを述べていた。それゆえ、彼女は王公家軌範が制定されても王族になれない可能性が高かった。しかし、李太王は晩年にできた愛娘を王族にするために苦心し、さまざまな手を使って寺内総督にはたらきかけた。それが功を奏したのか、王公家軌範には彼女ただ一人のために「故李太王の子にして王家に在る者は之を王族とす」という特別な規定が設けられる。こうして徳恵は王公家軌範の制定と同時に王族となった。

ただし、徳恵は王族の直系ではなかったので、敬称は「殿下」ではなく「姫」であった。これに対して、日本人ではじめて李王職長官となった篠田治策《しのだじさく》は、「殿下と申〔し〕上ぐることの出来ざるは甚だ遺憾である」（「王公家軌範に就て」）との不満を吐露している。

徳恵の母である梁春基は王族になれなかった。その理由は、李太王が一代限りの特別な身分であり、しかも彼の正室ではなかったからであろう。李太王の側室厳氏も王世子李垠の母でありながら、梁氏と同様に王族にはなっていない。

梁春基は乳がんのため、一九二九（昭和四）年五月に数え四八歳で世を去った。これ以後、徳恵の内向的な性格に拍車がかかり、やがて不登校になる。夜は重度の不眠症で突然屋外に駆け出すなどの奇行がみられ、「早発性痴呆症」（統合失調症）と診断された。義姉として世話をしていた方子は、すでに進みつつあった対馬藩主の子孫である宗武志《そうたけゆき》伯爵との縁談が白紙になるのではないかと心配したが、一九三一年五月八日に予定どおり挙式し、徳恵は王族から華族となった。

なぜ宗武志との結婚に至ったのか

この結婚が誰の発意だったのかはわかっていない。たとえば方子は自分たちの結婚と重ね合わせて「総督府としては、王公族を極力日本に同化させるとともに、純粋な王家の血に日本人の血を混ぜることを、統治の要《かなめ》としているのでした。〔中略〕こんどはただ一人の御妹、徳恵さまに手がのびてきたのです」(『流れのままに』)と語っている。しかし、方子と李垠の場合がそうだったように、「日鮮融和」を目的とした国家主導の政略結婚と結論づけるには留保が必要であろう。

宗武志と徳恵，1931年秋の対馬訪問時

方子は同化政策と憶測しながら、一方で、病気の悪化により縁談が白紙になりそうになったときには「およろこびの日がくるのは、いつのことなのか……」とも述べていた。内心では宗伯爵家との結びつきを望んでいたことがうかがえる。その理由は、家のつながりという側面からみたときに、李王家にとってこの縁談は必ずしも悪い話ではなかったからである。

朝鮮では一族の発祥地を本貫《ほんがん》といい、本貫と姓を同じくする者は父系血縁関係でつながった同族と見なされる。同族同士の結婚は儒教の伝統にもとづいて禁じられており、それは王公族も同じであった。それゆえ、全州李氏だけで構成された王公族の場合、女性の嫁ぎ先は必ず別の身分、すなわち、皇族、華族、朝鮮貴族、一般臣民のどれかだったわけである。

ただし、皇族が王公族を妃として迎える可能性は低かった。実は皇室典範の第三九条を増補するときに宮内省が当初作成した案には、皇族が王公族に嫁いでも娶ることはないとの注釈が付されていたからである。この文言は最終的に削除されたが、朝鮮人の血を皇族に入れないという考えが宮内省にあったとみて間違いない(「翠雨荘《すいうそう》日記」)。

となると、徳恵の嫁ぎ先としてもっとも家格が高いのは、華族か朝鮮貴族である。朝鮮貴族のうち、一九三一年時点で宗伯爵家と同等以上の爵号を有する家は一〇あった(2-3参照)。

このうち、李達鎔《イダリョン》、李載覚《イジェガク》、李海昌《イヘチャン》、李海昇《イヘスン》、李永住《イヨンジュ》は李王家と同じ全州李氏なので、婚嫁の対象とはならない。これ以外で徳恵の配偶者として年齢的に適当なのは李丙吉《イビョンギル》くらいであろう。しかし、彼はすでに李仁栄《イイニョン》の長女と結婚しており、一九二九年までに少なくとも三人の娘をもうけていた。

後継者に目を向けてみたらどうだろうか。尹侯爵家は家政が破綻しているだけでなく（第1章参照）、息子の尹弘燮《ユンホンソプ》が独立運動に関与するなど家庭環境が複雑であり、朴侯爵家の朴《パク》日緒《イルソ》、宋伯爵家の宋在亀《ソンジェグ》、高伯爵家の高興謙《コフンギョム》は既婚であった。つまり、徳恵の婚嫁は朝鮮貴族ならば子爵以下しか見込めなかったのである。

他方で、宗伯爵家からみた場合も、この縁談は悪いものではなかった。武志は一九〇八（明治四一）年に黒田和志《くろだよりゆき》と鱗子《れいこ》の末っ子として生まれた。黒田家は母の実家で、千葉県の久留里《くるり》藩主として華族になった家柄である。当主だった鱗子の兄が隠居したのちに対馬宗家の和志が婿養子に入って黒田子爵家を継いでいた。

武志が一五歳のときに宗伯爵家の当主重望《しげもち》（和志の甥）が死去した。このとき宗家には莫大な借金があったため、裕福な他家から養子を迎えて家督を譲り、財産整理を行うべきとの意見があった。しかし、永留小太郎という対馬出身の篤志家が旧

2－3　**伯爵以上の朝鮮貴族**（1931年当時）

爵号	当主	
公爵	朝鮮貴族令に規定はあるが授爵者なし	
侯爵	李達鎔	1883年生．全州李氏
	李載覚	1874年生．全州李氏
	李海昌	1865年生．全州李氏
	李海昇	1890年生．全州李氏
	尹沢栄	1876年生
	朴泳孝	1861年生
	李丙吉	1905年生
伯爵	李永住	1928年生．全州李氏
	宋鍾憲	1876年生
	高義敬	1873年生

藩士らの唱える血統尊重説に賛同して私財を提供したため、重望のいとこにあたる武志が継承することで決着する。このように、宗家は伯爵家ではあったが、破綻の危機をかろうじて回避する状況にあった。しかも武志はまだ中学生であり、傾きかけた家を支えるにはあまりにも若すぎた。東京帝国大学を卒業するのと同時に婚姻という手段で財政的な後ろ盾を得たのは自然な流れだったといえる。

武志は結婚直後の一九三一（昭和六）年一〇月から一一月にかけて、徳恵を連れて対馬に帰省している。このとき徳恵は関係者の前で奇声を発して笑いころげるという「病的の挙動」をみせた。これを目撃した武志の育ての親である平山為太郎は、「伯爵の御胸中果して如何《いかん》。嘆息の至りなり」（『徳恵姫』）との思いを日記に綴っている。

先述したとおり、方子は徳恵が発病したときに結婚が白紙になるのではないかと心配していた。こうしたことから、宗家に病状が伝えられていたことがうかがえる。しかし、それでも武志は破談にはしなかった。平山も日記に無念を記しているが、離縁すべしとはいっていない。宗家の家門を守るためには当主が堪えなければならなかったのであり、それは関係者の間で共有された考えだったのであろう。

ちなみに、一九三一年の李王家予算綱要には「宗家家計費に対しても特に御援助の思召あるを以て、定例補給金中に相当額を計上せり」と明記されている。李王家の予算で定例補給金は長らく九万円台で推移したが、一九二七年から減額となり、三〇年には八万六六二〇円となっていた。ところが、徳恵が結婚した年に九万八二二〇円へと増加し、その後四年間は九万二一八〇円を維持している。この差額の一部もしくは全額が、李王家から宗家への「援助」であった。

Ⅱ　李堈公家――素行不良の初代当主と貧窮する後継者

王妃閔氏の暗殺事件後に日本へ逃避

李堈《りこう》《イガン》公家の一員として韓国併合時に公族になったのは、義王李堈＝李堈公とその妃金氏である。

李堈は一八七七年三月三〇日に高宗（李太王）と側室張《チャン》氏《シ》との間に生まれ、幼名を平吉《ピョンギル》といった。韓国併合によって李王となる兄の李坧《りせき》《イチョク》とは三歳差である。朝鮮王朝の慣例では、国王の庶子は世子《セジャ》が一〇歳に達するまで宮中に伺候することができなかった。それゆえ、高宗の証言によると、李堈は第二五代国王哲宗の女婿《じょせい》である朴泳孝《パクヨンヒョ》のもとで養子のように育てられたという。

李堈は李坧が一〇歳に達してからも、祖父李《イ》是応《ハウン》の反対でなかなか王子として冊立してもらえず、平民的な生活を強いられた。これによって、李堈の心はすさみ、素行が乱れ、「市井の無頼」と付き合うようになってしまう。ようやく義和君の称号を得て宮中に伺候できる

2－4　李堈公家系図

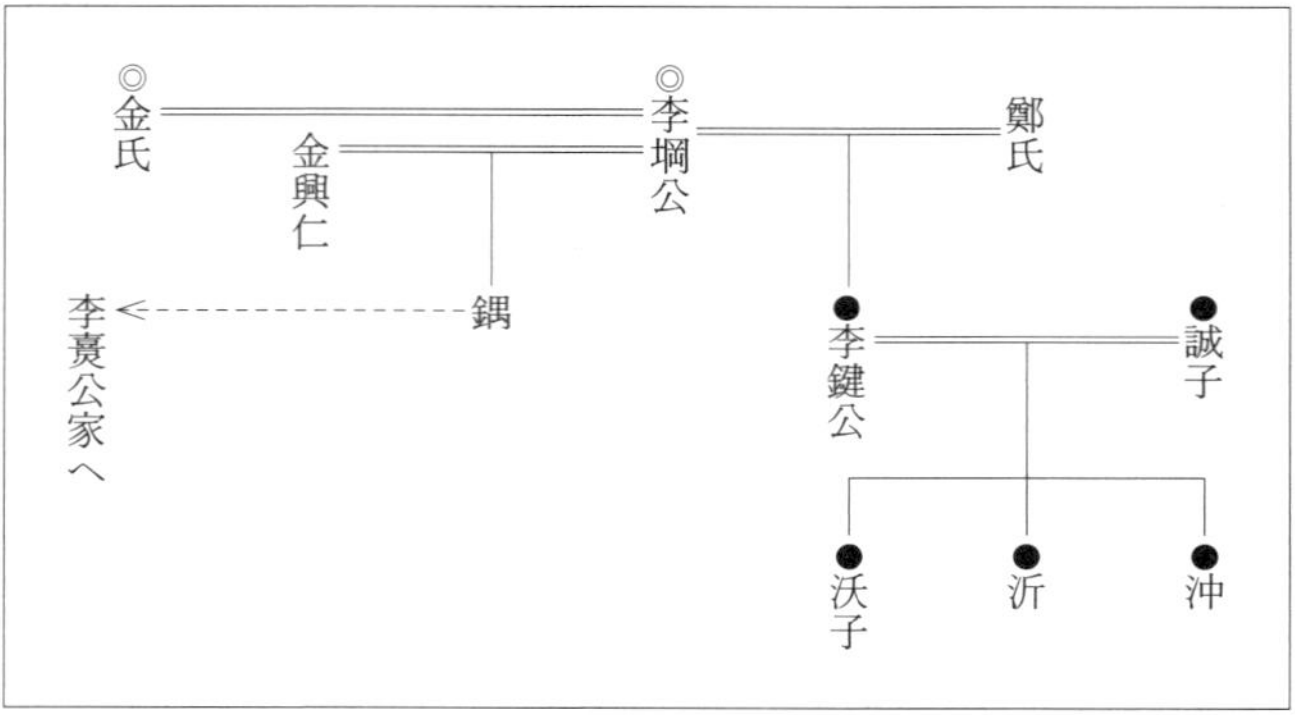

註記：◎は1910年に公族になった者．●は1926年以後に公族になった者

ようになったのは、数え一六歳となった一八九二年一月二八日のことであった。

一八九五年一〇月八日に高宗の王妃閔氏が暗殺される事件が発生する。李堈は翌日リリアス・ホートン・アンダーウッドの家を訪れて、匿《かくま》ってほしいと依頼した。リリアスは名門の誉れ高い延世《ヨンセ》大学の前身にあたる延禧《ヨニ》専門学校を創設したホレイス・グラント・アンダーウッドの妻である。李堈はしばらくこの治外法権下にあるアメリカ人宣教師の家で過ごし、一〇月二七日午前一〇時半に朝日丸に乗船して出国した。実は、これより二ヵ月前に李堈はドイツ、ロシア、フランスなどの欧州各国を巡遊する特派大使に任ぜられていたのだが、暗殺事件直前の一〇月二日に依願免官していた。ところが、事件の五日後に再び特派大使の身分で欧米巡遊が命ぜられ、まずは日本に向けて旅立ったのである。

この出国の背景について父の高宗は次のように説

明している。すなわち、李堈は不遇な幼少期を強いた李昰応とその一家（子の李㷩と孫の李《イ》埈鎔《ジュニョン》）に憎しみを抱いており、閔氏が殺されたのも彼らの陰謀と認識していた。そこで復讐を考えていたのだが、計画が明るみに出て逆に李昰応が遣わした数十名の巡検に追い詰められてしまったため、国外に逃れたのだという。

李堈公夫妻

　一一月八日、朝鮮政府は李堈に電報を送り、帰国するよう命じた。しかし、李堈は勅命でなければ応じられないとして拒絶し、芝山内《しばさんない》（芝公園）の旅館に籠《こも》った。これによって一一月一九日に特派大使の任を解かれ、以後は留学生の身分で滞在した。

　東京における李堈の生活は決して模範的なものではなかった。税関取調の任で横浜に滞在していた申載泳《シンジェヨン》が帰国前にあいさつに来たときには、彼の髷《まげ》を切り落とすという傍若無人な振る舞いをしている。李堈の周りには、断髪し洋装を身にまとった慶応義塾在籍の留学生が多数いた。それゆえ、いわゆるモダンなスタイルに感化されていたのであろう。朝鮮伝統のいでたちで現れた申載泳に対して、「渠《かれ》等《ら》〔留学生〕と同じ姿に改めては如何《いかん》」と問うたのである。

帰国する前なので次に来たときに散髪すると申載泳が答えると、李堈は微笑《ほほえ》みながら「帰国するとて何のおかしきことやあらん」と述べ、左手で髷を摑《つか》み、右手に持った日本刀で一気に切ってしまった（『読売新聞』一八九五年一二月一〇日）。

この直後の一八九六年一月二八日、高宗の依頼で福沢諭吉《ふくざわゆきち》が李堈の監督役を担うことになった。しかし、李堈の態度が改まることはなく、夜遊びや散財の限りを尽くし、福沢を悩ませている。それからしばらくして、李堈は高宗にアメリカ留学を命ぜられた。これは道楽をやめさせるという意味もあったのであろうが、主眼は政権転覆の謀議に王室の関係者が利用されるのを防ぐことにあったと考えられる。

この時期の朝鮮王朝は親日派と親露派が激しく対立し、混沌《こんとん》としていた。在朝鮮国特命全権公使の三浦梧楼《みうらごろう》と親日開化派が結託してロシア寄りの王妃閔氏を殺害すると、高宗はロシア公使館に逃亡した。これ以後、親露派が政権を握り、親日開化派は殺害されたり、日本に亡命したりした。李堈は日本に逃れた親日開化派、特に朴泳孝と親しくしていたため、高宗や親露派の閣僚はそれを快く思わなかったのである。

アメリカでの奔放な暮らし

李堈は一八九七（明治三〇）年五月二二日に横浜からコプチック号に乗船してアメリカに旅立った。年末には横浜の友人に「米国には知己《ちき》友人等なく日々不愉快に感じ居れば、少し

〔で〕も早く日本に戻りたし」（『読売新聞』一八九七年一二月二五日）という電報を送っている。翌年五月にいったん横浜に戻って再度渡米し、一九〇一年にはバージニア州のロアノーク大学に在籍した。

アメリカに来ても李堈の奔放な生き方に変わりはなかった。わかっているだけでも三名の女性（アンジー・グラハム、クララ・ボン、メリー・ボブンス）との恋愛沙汰が現地メディアで報じられている。また、一九〇三年三月一日の『ニューヨーク・ヘラルド』紙には、李堈が発した「アメリカ人の自由とアメリカの独立に魅了され、祖国の王冠を放棄する」という声明が掲載された。驚くべき発言ではあるが、韓国併合後の彼の行動をみれば十分に合点がいく。後述するように、李堈は「自由」のために公族の身分でさえ棄てようとしたからである。

アメリカでの生活を終えた李堈は母国に帰らず、一九〇五年二月以降は横浜で暮らした。日本政府にとって李堈の存在は大韓帝国の疑念を招きかねず、厄介者でしかなかった。そこで、駐韓特命全権公使の林権助を通じて高宗皇帝に内申し、日本政府と李堈の間には何の関係もなく、進退については皇帝の希望によりいかようにも対処すると告げている。

これに対して高宗皇帝は、李堈のアメリカ留学中の評判が悪く、学業もほとんど修めていないことを遺憾とし、伊藤博文か井上馨《いのうえかおる》の監督下で引き続き三〜四年留学生活を送らせてほしいと要請した。ただし、この発言の真意は別のところにあったと考えられる。当時、高宗皇帝の側室厳氏は実子である李垠を皇太子に就けるために、李堈の帰国妨害工作を試みていた。高宗皇帝が厳氏の意を汲《く》み、李堈を本国から遠ざけた可能性は決して低くない。

しかし、李堈は翌年四月に大韓帝国に帰国している。彼は留学中の一九〇〇年に義和君から義王に格上げされていたので、弟の英王李垠と身位に差はなかった。ところが、前章でも言及したように、一九〇七年に高宗が譲位して純宗が皇帝に即位したときには、李垠が皇太子になっている。その背景には李垠に期待する伊藤統監の意向が働いたはずである。

日本はアジアのなかで他国に先駆けて立憲君主制を実現した国であり、伊藤はその立役者であった。隣国に同じ制度を植え付けるにしても、近代制度や思想を理解する君主が不在では意味がなかった。伊藤が長幼の序を破ってまでも幼少の李垠を皇位継承者にしたのは、李堈が英明君主になるとは思えなかったからであろう。李堈は勉学を修めず、酒色に耽《ふけ》り、多額の負債を抱えるといった怠惰な生活を送っており、皇位継承者どころか、大韓帝国皇室の品位を傷つける存在と見なされていたのである（「韓国皇族義和宮及李埈鎔ニ関スル件」）。

そして、李堈のそうした生活は韓国併合後も変わらなかった。

繰り返される非常識な振る舞い

韓国併合と同時に李堈は公の尊称を得て李堈公として公族となった。李堈公家には歳費が支給されず、代わりに恩賜公債八四万円が贈与された。一家の経費はこの公債から生じる利子のほか、慶尚南道や咸鏡南道に有する漁業権を民間に貸与することで賄われている。

李堈公は朝鮮王朝時代の前近代的な価値観を持ち続け、高貴な身分にある者は何でも意のままに行動していいと考えていた節がある。しかし、併合後は李王職によって財政が管理され細かな予算が立てられたため、彼が公家の金を自由に使えたわけではない。それゆえ、公族の身分を窮屈に感じた李堈公は、公家顧問の李完用《イワニョン》と趙重応《チョジュンウン》に李王職の干渉を撤廃するよう要請している。朝鮮総督府の諮問機関である中枢院の国分象太郎書記官長はこうした挙動をみて「同公の非常識気動は殆《ほと》んど痼疾《こしつ》を為し、到底改善の望みなきものと見るの外《ほか》なかるべし」（「李堈公に関する書類」）と酷評した。

李堈公は公家の資金が使えないからといって静かにしていたわけではない。李王職の承諾を得ずに借金して遊興費に充てたり、詐欺行為をはたらいて金を集めたりしたのである。たとえば、漁業権の二重貸与があげられる。李堈公家は慶尚南道の漁業権を一九〇六年から二〇ヵ年契約で福岡出身の香椎源太郎に貸していた。ところが、一九一四年一一月にすでに返還されたかのように装って、新たに釜山弁天町在住の平野常三郎と貸与契約を結び、手付金として三〇〇〇円を受け取ったのである。

こうした李堈公の犯罪行為は、粗暴な輩《やから》との付き合いによって風紀が乱れていたことと関係がある。彼は李堈公附の李王職事務官が出張で京城を離れたすきに邸に妓生《キーセン》を呼んで宴を催したり、気に入らない事務官に銃口を向けて威嚇するなど、やりたい放題であった。

また、妾《めかけ》を各所に作ったため、李王家とは違い子沢山であった。戦後の一九五八年に行われた調査によると、夫人は一八名、子女は二八名いたという。ただし、李堈公の子どもで公族になれたのは二人しかいない。ほか多数は認知されず、李堈公家に入れなかったのが理由であろう。

隠居の模索と挫折

李堈公の振る舞いに危機感を覚えた小宮三保松李王職次官は、一九一四年一二月三日に李完用、閔丙奭《ミンビョンソク》、趙重応、国分象太郎らと「李堈公家取扱問題」を協議する相談役会議を李完用の邸宅で開催した。

まず小宮が李堈公に受け入れてもらう項目として、①夜間外出の禁止、②外出の際は日本人巡査が同行する、③妾の数をできるだけ減らす、④李堈公附事務官か警察官の承認がない者との面会禁止、⑤劇性のアルコール摂取禁止、⑥家政について相談役会に従う、⑦物品購入の際は李堈公附事務官を通す、などを提案した。そして、これを破ったときに、公の尊称を剝奪《はくだつ》するなどの最終的な処分を下すべきとの考えを示した。

これに対して李完用、趙重応、国分の三名は、そのような「試験的方法」では李堈公家は破産すると批判した。結局会議の結論は、李堈公の「病的」な浪費癖を悔悛《かいしゅん》させる見込みはないので、隠居の措置をとるべきとの意見でまとまる。

しかし、この方針は法の壁に突き当たって挫折する。この時期は王公家軌範がいまだ制定されておらず、李堈公の隠居は一般臣民と同じく民法に依拠せざるをえなかった。ところが、民法が掲げる隠居の条件は満六〇歳以上だったため、四〇歳にも満たない李堈公には適用できなかったのである。

摂政裕仁親王への直訴

李堈公は体調の優れぬ兄の李王が李王家の祭祀を代行するよう依頼しても病と称して拒否し、さらに李王や李王妃の誕辰《たんしん》の祝宴、新年の宴会、午餐会などもたびたび欠席した。その一方で、一九一二年の明治天皇大葬、翌年の明治天皇一周年祭、一九一六年の天長節や立太子礼など、皇室に関わる行事には李王の名代として積極的に参加した。明治天皇が崩御したときには、王公族のなかでただ一人、年間を通して喪服を着用し喪章を付けて過ごしている。

こうした要領を得た行動はすぐに効力を発揮する。李堈公は一九一九年一一月に独立運動団体大同団《だいどうだん》の詐欺話に引っかかり、上海に拉致《らち》されそうになった。鴨緑江《おうりょくこう》の北方にある中国の安東県で警察に保護され、事件は未遂に終わったが、公の尊称を剝奪されてもおかしくない失態であった。それにもかかわらず、当局は李堈公を総督官邸近くの緑泉亭に逗留《とうりゅう》させる程度の措置しかとっていない。原敬首相が、これまで李堈公が皇室に対してとってきた態度や「日韓合併を至当と考うる固き決心」（『原敬日記』一九一九年一〇月九日）を抱いている様子などを高く評価し、相当の待遇をしたほうが朝鮮統治に役立つと判断したからである。

しかし、李堈公は以前にも増して厳しくなった監視に耐えられなかった。大同団事件からわずか一ヵ月後には斎藤実総督に陳情書を提出し、生活を保障してくれるならば隠居して公の尊称を捨てたいと訴えている。李王職や李完用らが李堈公の隠居を画策すると同時に、李堈公自身も公族からの離脱を希望していたのである。

「自由」を求める李堈公の行動は徐々にエスカレートし、再び事件を引き起こすことになる。李堈公は大正天皇の銀婚式に参席するために一九二五年五月に上京し、一五日午前一一時頃に退京の暇乞《いとまご》いをするため、赤坂の東宮御所へ参内した。その際に服部真彦侍従武官を通じて摂政の裕仁《ひろひと》親王に、「公を廃し平民になりたし」(「李堈公殿下動静報告」)という趣旨の陳情書を提出したのである。摂政は処置に困り、書類を宮内大臣に預けた。

李王は事態を収めようとする李王職の言上を受け、李堈公に始末書を書くよう命じた。しかし李堈公は近侍の者に、「自分は摂政宮殿下より下位であるが、自分も皇族の末席である故に、拝謁の序《ついで》に李王職の不公平なる処置を上書したのに何が悪いか。始末書を誰が書くか」(同前)と不満をもらし、命令には応じなかった。李堈公は公族になったことを堅苦しく感じ、朝鮮貴族や平民になりたいと訴えつつも、皇族の一員として殿下の敬称を有する立場を存分に利用していたのである。

一二月四日、斎藤総督は始末書の作成に応じない李堈公を総督官邸に呼び出し、陳情書を取り下げるよう促した。李堈公はそれまでの強硬な態度を一変させてこれに応じ、「軽率なる態度に出でたる次第にて、返すがえすも恐懼《きょうく》に堪《た》えず」（「総督・李堈公会見始末」）と素直に非を認めている。かくして、陳情書は隠密裏に処分され、李堈公の行為は不問となった。

しかし、李堈公が当主として居座ることにより、公家の家政は悪化する一方であった。一九二五年頃には七名の妾のために毎年九二〇〇円もの経費を支出する状況となる。一九二七年には李王家から八万円もの補助金を援助してもらわなければ家政を維持できなくなり、債務整理のために併合時の恩賜公債はすべて売却された。

当局は李堈公の乱費や軽率な行動を横目に見ながら隠居のための法整備を進めた。一九二六年に隠居を認める条項を加えた王公家軌範を制定して李堈公を排除する地ならしをし、三〇年六月一二日に至ってようやく隠居を実現させている。ただし、隠居しても臣籍降下するわけではなく、公族の身分と殿下の敬称はそのままであり、李王家歳費から毎年一二万円の生活費が支給された。

父に疎まれた李鍵

李堈から公を継承したのは長男の李鍵《りけん イゴン》である。彼は一九〇九年一〇月二八日に李堈と侍女鄭《チョン》氏《シ》の間に生まれ、二四年三月一七日に改名するまで幼名を勇吉《ヨンギル》といった。

李鍵は実母に会った記憶がなく、父親から写真を見せられて「これが母親だ」と教えられたこととしかないという。それゆえ自分の出生をとにかく疑っていた。李鍵は父の李堈が大韓

李鍵公

帝国時代に日本の女性と関係を持って子をもうけたという噂を耳にし、「私は朝鮮人であるか、日本人であるか、それさえ判《わか》らないのである」（「運命の朝鮮王家」）とも述べている。

李鍵がそのように考えるには理由があった。李堈が兄弟のなかで李鍵だけを朝鮮人に接しないように育て、玩具も着物も日本のものを与え、幼少期から日本語を習わせたからである。しかも、李堈は李鍵に非常に冷たく、酔うと決まって「早く日本にいってしまえ」「朝鮮に永くいるな」と暴言を吐いた。そのように父に疎まれていたため、京城にいる間は金銭的に困ったことはなくても「精神的に不幸だった」（同前）と回顧している。

李鍵は一九一七年に京城の日の出小学校に入学し、二年後に東京に渡って学習院に編入した。王公家軌範の制定前でいまだ公族にはなっていなかったため、麻布南《みなみ》日《ひ》ヶ《が》窪町《くぼちょう》の長屋を間借りするという身の上であった。李堈公家からの送金も途絶えがちで金銭的に苦労し、四谷の学習院までは電車賃を節約するために片道はよく歩いたという。

他方で、のちに詳述するが、弟の李鍝《りぐ》《イウ》は李熹公家の養子となって公を継承していたので、すでに公族の身分であった。李鍝公が一九二二年に学習院に入学すべく上京したときには、正装した人々が出迎え、宮内省差し回しの御料車も用意されていた。公族であるか否かによって待遇上に歴然たる違いがあったのである。一介の平民にすぎない李鍵は、学校で李鍝公に会えば敬礼をしなければならなかった。

ただし、李王職がこうした待遇上の格差を容認していたわけではない。たとえば、一九二二年度の李王家予算の書類では、「御兄弟の間柄なるに、一は借家に仮寓《かぐう》し、一は自家の邸宅に居住す。如何に〔李堈公家の〕経費困難の事情ありとするも到底之を看過すること能わざる次第」（『王公族録　大正一一年』）と指摘している。そこで李王職は、李鍝公の邸宅を代々木に新築するのに合わせて、李鍵の家をその敷地内に付設するつもりであった。ところがこの計画は実現せず、李鍵は一九二三年にいったん西大久保へ転居している。その後、一九二七年に李堈公家の別邸が渋谷常磐松《ときわまつ》の御料地に建つと、李鍵は同所に住むようになった。李鍝公はそれよりも二年前に同所に邸宅を建てていたため、兄弟はこれ以後同じ敷地内に住むことになったのである。

広橋誠子との結婚

学習院を卒業した李鍵は、一九二三年四月に陸軍幼年学校に入学し、陸軍士官学校予科を経て、二八年一〇月に陸軍士官学校本科に進学している。この間に王公家軌範が制定されて公族となり、士官学校を卒業する直前の三〇年六月、隠居した父から公の尊称を継いで李鍵

2－5　李鍵公の結婚にまつわる姻戚関係

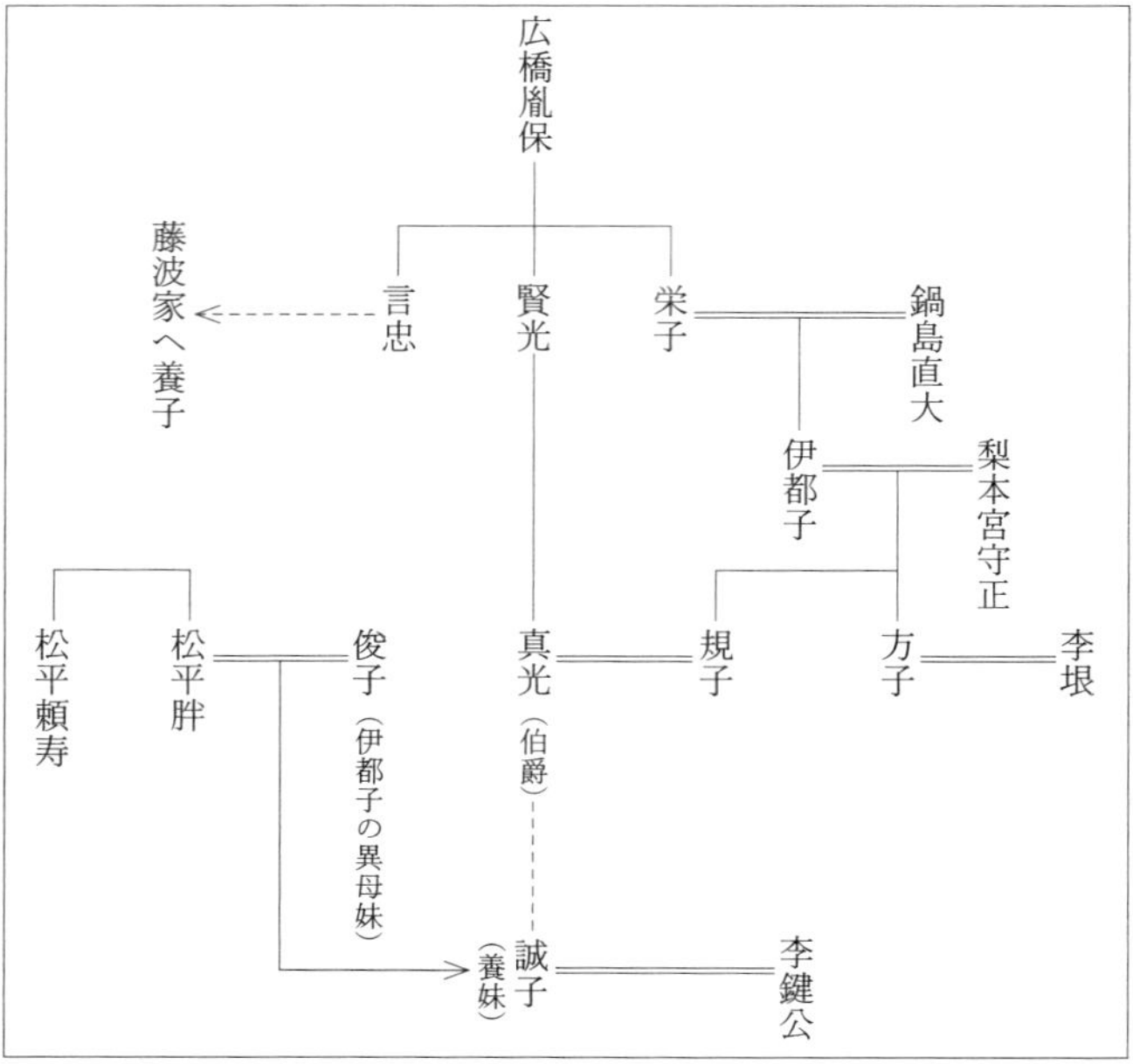

公となった。

その翌年一〇月に李鍵公は広橋誠子《ひろはしよしこ》と結婚した。この縁談も外面だけみれば「日鮮融和」を目的とした国家主導の政略結婚にみえるが、内実は違う。李鍵公自身が告白しているように、失恋の傷を癒すために計画された結婚にすぎなかった。

李鍵公は昭和の初頭にある日本人女性を妻に迎えようと考えていたが、ついに承諾を得ることができなかった。これによって苦悶《くもん》し、それまで飲まなかった酒を飲むようになったという。幼少期から李鍵公の世話をしてきた李王職の堀場立太郎は、酒に溺《おぼ》れる姿をみて心配し、松平胖《まつだいらゆたか》海軍大佐の娘誠子との縁談を進めた。誠子の母松平俊子《としこ》は鍋島直大の娘であり、方子の母伊都子の異母妹である。そうした関係から梨本宮家の推薦もあり、李垠の甥にあたる李鍵公に誠子が紹介されたのだ（「雑草の中に生きて愛して」）。

松平家は旧高松藩主の家柄で、明治維新後に華族として伯爵号を有していたが、誠子の家は分家だったので爵号がなかった。この縁談を実現するためには両家の釣り合いをとる必要があり、松平胖はいったん誠子を本家の当主松平頼寿《よりなが》伯爵の養女にするつもりであった。ところが、頼寿は「佳子《ママ》が幸福になれるとはどうしても思えない」と縁談に大反対しており、なかなか承知しなかった。これに対して、しびれを切らした梨本宮家は「なぜ決められないのか」と松平胖をせかし、誠子を広橋真光《ただみつ》伯爵の養妹とすることで結婚を実現する道筋を付けてしまう。広橋家は伊都子の母鍋島栄子の実家である。

なお、誠子は普段、自分の名前を「佳子」と表記していた。これは易学や姓名学を趣味としていた父の影響によるものであり、戸籍上は「誠子」である。

遠くに想う故郷

李鍵公は自暴自棄のなかで結婚を決めたため、当時は「女であれば誰でもよろしい」と考えており、誠子と一度も会うこともなく入籍したと回顧している。

しかし、これは誠子の証言と少し食い違う。彼女によると、婚約発表は一九三一年五月頃であり、それより前のある春の日に、二人は李王家東京邸で開催されたお茶会で対面していた。誠子は同席した両親に印象を聞かれ、「ご立派な、おやさしそうなお方でした……」と答えたが、実際は李鍵公の顔をほとんど見ておらず、彼が履く騎兵少尉の軍靴がいやに長くて黒くピカピカ光っていたことしか覚えていなかったという。

婚約発表があってからは、互いの家を行き来し、二人はハイドンやベートーヴェンのレコードを聴くなどして過ごした。このとき誠子は、李鍵公が故郷に抱く複雑な思いに触れている。誠子が朝鮮語を学びたいと打ち明けたときに、李鍵公は強い口調で「いや、それはおやめなさい。そんなものを勉強する必要はありません」と遮《さえぎ》ったのである。しかも、父の李堈についてはは性格的になじめないとも述べ、誠子に対して「あなたは朝鮮からも、すべての絆《きずな》からも、離れていていいのです」と語っていた。これを聞いた誠子は、「この十年間、隙間だらけだったにちがいない殿下のお心を、あたたかく充たしてさし上げなければと思いはじめました」(『雑草の中に生きて愛して』)とそのときの感想を綴っている。

二人が結婚したのは一九三一年一〇月五日である。当日午前八時三〇分に、誠子は宮内省差し回しの六頭立て儀仗馬車で李鍵公邸に向かった。松平家が服喪中だったため、朝見の儀と披露宴は後日に譲り、この日は李埈夫妻と誠子の両親が列席するだけの簡素な式を行っている。誠子は結婚と同時に広橋家を除籍し、李鍵公妃として公族となった。

李鍵公夫妻は新婚旅行と結婚報告を兼ねて一〇月二六日から伊勢神宮と伏見桃山明治天皇山陵を参拝し、さらに李堈の正妻である李堈妃金氏にあいさつするため、一一月一日から九日まで京城に滞在した。李鍵公は結婚前に金氏について「母はいいひとですよ。よくできた人というのでしょう。私には生みの母も同様です。許されることなら、結婚式にも出たいのでしょうが……」（同前）と語っていた。こうしたことから、父の李堈とは対照的に金氏とは良好な関係だったことがうかがえる。

金氏はにわか仕込みの朝鮮語で御機嫌伺いする誠子を気に入り、「当分自分の膝下《しっか》に〔おいて〕共に朝夕を送りたし」（『王公族録　昭和六年』）と口にするほどであった。しかも、自ら美術品製作所に命じて調製させた鏡台のほか、珊瑚《さんご》や真珠をちりばめた髪飾り、朝鮮簞笥《たんす》などを贈っている。ただし一部の朝鮮貴族は、王族の徳恵が華族といえども臣下に嫁ぐ一方で、臣民の誠子が公族になったことに不満を抱いていた。

李鍵公夫妻は一九三二年八月一四日に長男沖《ちゅう》《チュン》、三五年三月四日に次男沂《き》《ギ》、三八年一二月一九日に長女沃子《はるこ》《オクチャ》の三子をもうけた。それぞれ誕生と同時に公族となっている。

誠子は、李鍵公の性格をそっくり受け継いでいるのは李沖であり、神経質で人との付き合いを嫌い、一人で好きな自動車の写真を眺めたりする子だったと回想している。しかし、李沖は誠子が浮気をしてもうけた子で李鍵公とは血のつながりがないという説もある。それを裏付けるように、李鍵公は回顧録のなかで李沖を「可哀想な児」と表現し、自分には彼を

「包容するだけの度量に欠けている」(「運命の朝鮮王家」)とも述べている。

Ⅲ　李熹公家——クーデターを目論んだ日陰の系譜

かろうじて公族となった李太王の兄李熹

李熹《りき》《イヒ》公家の一員として韓国併合時に公族になったのは、興王李熹=李熹公とその妃李氏である。

李熹は一八四五年八月二二日(旧暦七月二〇日)に李昰応と閔氏の長男として生まれた。長らく名を載晃《チェミョン》といったが、韓国併合条約締結直後の一九一〇年八月二四日に熹と改名している。朝鮮王朝には行列字という中国の伝統文化が残っており、一族のなかで同世代の者は、名に同じ漢字もしくは部首を用いてきた。一般的には五行説に則って、木・火・土・金・水の順で名を付けたため、李王(李坧)の世代は李堈や李垠のように「土」を、その次の世代は李鍵や李鍝のように「金」を用いている。李熹の場合は、弟の李太王(李㷩《りけい》《イヒ》)と同じ系列に属することを示すために「火」のある名に改めたのである。

李熹は幼少期に、父の次兄で早くに他界した興完君李最応《イジョンウン》の家督を継ぐために養子となった。それゆえ、実家である雲峴宮《うんけんきゅう》の後継者は弟の李㷩となる。ところが、先述のとおり、一八六四年に哲宗が子をもうけずに薨去すると、李㷩は憲宗の父孝明世子の養子となり、第

2－6　**李熹公家系図**

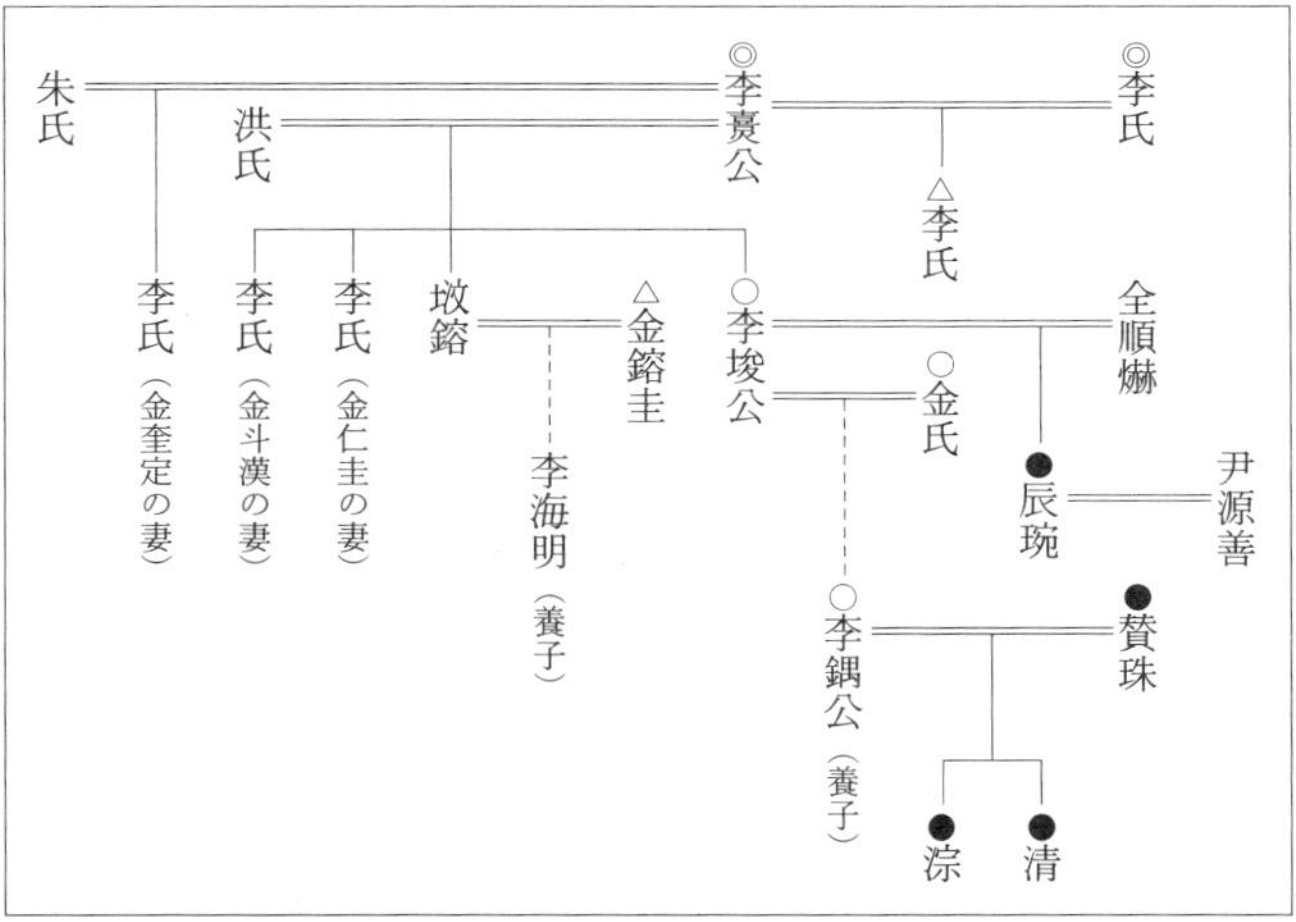

註記：◎は1910年に公族になった者．○は1910～26年の間に公族になった者．●は1926年以後に公族になった者．△は書類上公族と見なされた者

李熹公夫妻

二六代国王として即位した。この結果、雲峴宮を継ぐ者がいなくなってしまったため、李熹は特旨によって実家に戻され、興完君李晸応の家督はのちに朝鮮貴族となる李載完《イジェワン》が代わりに養子となって継承した。

雲峴宮に戻った李熹は、一九〇〇年に完興君に封ぜられ、韓国併合条約を調印する一週間前の八月一五日には興王となった。この「君」から「王」への昇格によって、併合時に朝鮮貴族ではなく、公族となっている。

李熹公は一九〇二年に李麟《イイング》九の娘李氏を娶っていた。それゆえ、彼女も併合時に李熹公妃として公族になっている。李氏は一八八三年の生まれであり、夫妻の間には三八歳もの年齢差があった。

李堈公家と同じく歳費が支給されなかった李熹公家は、併合当時に李熹公と長男の李埈《りしゅん》《イジュ》鎔《よう》《ニョン》に下賜された計一〇〇万八〇〇〇円の公債のほか、もともと所有していた不動産の収益で生計を立てている。しかし、家政に余裕はなく、不足分は李王家からの援助で補塡していた。その額は年々増加したが、李堈公家に比べればまだよいほうであった。

公を継承した長男の李埈鎔

李熹公と李氏の間には一九一一年生まれの娘李氏がいたが、翌年八月に脳水腫で夭逝《ようせい》した。王公家軌範の制定前なので、たとえ李熹公の子であっても実質的には公族になっていない。

李熹公には洪氏《ホンシ》と朱氏《チュシ》という二人の先妻がおり、前者との間に二男二女、後者との間に一女をもうけていた。このうち長男の李埈鎔は併合時に李熹公家にいたが、王公家軌範の制定前なので、公族になっていない。

李埈公夫妻

ただし、一九一二年九月九日に李熹公が薨去したことで李埈鎔公として公の尊称を継ぎ、公族となっている。同日、彼は父の遺言に従って名を埈《しゅん》に改めたい旨を天皇に奏請し、勅許を得て二〇日から李埈《ジュン》公となった。

李埈公は一八九五年に金在鼎《キムジェジョン》の娘金氏を妻に迎えていたので、金氏も李埈公妃として公族になっている。李王職事務官の権藤四郎介は李埈公妃金氏について、「私の知れる朝鮮の貴婦人中にあって、気品の優れて淑徳の高きこと、容姿の美しくして態度の具《そな》われること、稀《まれ》に見る女性であった」（『李王宮秘史』）と評している。

次男の李坆鎔《イムニョン》は一九〇一年に早世し、三人の娘は併合前に他家に嫁いだので、公族になっていない。李坆鎔は一八九四年に金鎔圭《キムヨンギュ》と結婚していた。金鎔圭は王公家軌範の制定まで公家にとどまっていたならば、公族になる可能性があったが、養子を迎えて分家することを希望した。この考えに公家の者や閔丙奭李王職長官が同意し、一九一七年一二月二一日に亡き夫の祭祀を奉ずるためにわずか七歳の李海明《イヘミョン》を養子に迎え、翌日二人で公家を出て新たな家（戸籍）を創立している。それゆえ、実質的には公族になっていない。なお、李海明は李熹の代わりに興完君李最応の家督を継いだ李載完の孫である。

朝鮮王朝末期のクーデター計画

李熹から公を継いだ李埈鎔は一八七〇年七月二三日（旧暦六月二五日）に生まれた。幼少のときから体格がよく堂々としており、遊ぶことを好まず、みだりに談笑しない性格で、祖父の李昰応《イハウン》から溺愛《できあい》されて育った。

李昰応は王室に生まれたが、傍系だったために不遇の前半生を過ごした。しかし、幼い次男（高宗、李太王）を国王に即位させて自身は大院君となり、その後一〇年にわたって朝鮮王朝の実権を握った傑物である。晩年になって高宗や王妃閔氏と熾烈《しれつ》な権力闘争を繰り広げ、執拗《しつよう》に王権の簒奪《さんだつ》を画策した。その李昰応と結託していたのが李埈鎔である。李埈鎔は公族として脚光を浴びることはほとんどないが、実は朝鮮王朝末期にクーデターを企てており、場合によっては高宗に代わって朝鮮国王になっていたかもしれない人物なのだ。その経緯を概観しておこう。

時は一八九四年にさかのぼる。この年、朝鮮王朝では「甲午農民戦争」といわれる大規模な叛乱《はんらん》が起きた。東学党の全琫準《チョンボンジュン》が弊政改革を要求して蜂起《ほうき》し、日頃官吏に虐《しいた》げられていた農民が呼応したのだ。東学とは、一九世紀中葉に創始された人間の平等を教理とする朝鮮独自の宗教である。

叛乱軍に王家の発祥地である全州を占領された朝鮮政府は、あわてて宗主国の清に出兵を要請した。これを受けて清軍が六月八日に忠清道一帯に兵を進めると、朝鮮進出の好機ととらえた日本軍も、六月一二日に仁川《インチョン》へ上陸した。

しかし、すでに朝鮮政府と叛乱軍の間で和約が成立しており、日清両軍の駐屯理由はなくなっていた。そこで日本軍は、朝鮮王朝に内政改革などの無理難題を要求し、それが受け入れられないとみるや、計画どおり七月二三日に景福宮を占領した。これが日清戦争の口火となる。

景福宮を占領した日本軍は、王妃閔氏と対立して失脚していた李昰応を擁立し、金弘集《キムホンジプ》を首班とする開化派政権を組閣した。この時点で李昰応と開化派政権は閔氏を廃妃とする方針を確認しており、意見が一致しているかに思われた。だが、排外主義の李昰応が日本の影響下にある開化派政権のもとで静かにしているわけがなかった。

李昰応と李埈鎔は、①平壌に密使を派遣して清軍を大挙南下させるとともに、②東学党を煽動《せんどう》して叛乱軍を漢城に引き入れ、日本軍を挟撃し放逐しようとしたのである。①に関しては、密書を持った使者が平壌に駐屯する清軍の将衛汝貴《えいじょき》に面会する段階まで話が進んでいた。

しかし、清軍は平壌で日本軍に大敗したため、南下には至っていない。②についても、再蜂起の動きをみせた東学党に密書を送り、日本軍を討つようにけしかけている。叛乱軍によって公州や清州が相次いで占領されると、朝鮮政府は日本軍の力を借りて鎮圧することを決した。これに対して李昰応と李埈鎔は、東学党といえども我が国の民であると訴えて高宗が鎮圧方針を裁可するのを妨害している。結局、近代兵器を装備した日本軍と朝鮮政府軍が鎮圧に向かい、叛乱軍は敗走した。

密書は平壌陥落後に日本軍によって発見され、朝鮮駐劄特命全権公使の井上馨に届けられた。進退窮《きわ》まった李昰応と李埈鎔は日本公使館を訪問して井上公使に謝罪した。これに対して井上公使は捜査して追及するつもりはないと告げている。

しかし、翌年一月下旬に曺龍承《チョヨンスン》という人物が朴泳孝内務大臣と徐光範《ソガンボム》法務大臣の暗殺を企てた嫌疑で捕まったのをきっかけに事態は急転する。事件の連累者として李昰応配下の者が次々と逮捕され、先の①②以外に、③開化派の主要人物を暗殺し、事変にかかわった功労者を中心に新政府を樹立する、④高宗を廃して李埈鎔を王位に就ける、という計画があったことが露見したのである。

李埈鎔を国王として推戴《すいたい》するクーデター計画が明らかとなり、朝鮮政府としてはもはや不問に付すわけにはいかなかった。元来朝鮮王朝では、王位の簒奪を企てた者は厳罰に処せられることになる。仮に国王が躊躇《ちゅうちょ》しても閣僚が詰め寄って刑を執行するのを例とした。したがって、李埈鎔にも同じ手続きがとられるはずであった。ところが、井上公使が「公平に且つ寛大の処置」をとるよう要請したため、事件は裁判所に回されることとなる。

李埈鎔の裁判は四月二五日にはじまり、翌月一三日に結審した。判決をめぐっては、金弘集が寛大な措置を主張する一方で、王妃閔氏の指示を受けた朴泳孝が極刑にこだわり、議論が紛糾した。閔氏は開化派の朴泳孝と仇敵《きゅうてき》の関係にあったが、まずは李昰応派を排除するほうが重要であった。そこで朴泳孝を籠絡《ろうらく》し、李埈鎔らを葬《ほうむ》ろうと謀《はか》ったのである。

しかし、極刑は日本にとって不都合であった。国王が「復讐」であるかのような措置をとれば、朝鮮王朝の法制度が旧来のままであり、日本のもとでの施政改革が何の成果もあげていないかのように列強の目に映ってしまうからである。また、名望のある李埈鎔を処罰すれば、民衆の感情を害するという懸念もあった。そこで井上公使は朝鮮政府の議論に干渉し、朴泳孝の意見を抑えた。

李埈鎔は本来ならば謀反罪で処刑のところ、情状酌量と特赦によって江華島の北にある喬桐島《きょうとうとう》へ一〇年間の流罪となる。しかし、八月には釈放され、一〇月に特旨によって懲戒免除となり、その後あたかも国外追放のごとく留学が命ぜられた。

命をかけた骨肉の争い

李埈鎔は一八九五年一二月末に宮内府特進官の身分で東京留学の途についた。同時期に李堈も日本に滞在しており、朝鮮人亡命者たちはこの二人に合わせて二つの派閥に分裂することになる。李埈鎔派は自由党の松田正久《まつだまさひさ》ら有力者と結びつくとともに、李昰応から送金された資金をばらまいて八〇名の留学生のうち五〇名ほどを陣営に引き入れて勢力を拡大した。日本の警視庁は送金を手伝ったイギリス人宣教師から事情を聴取し、「〔李埈鎔は〕後日之を利用し、大に権勢を張るの計画に出でたる伏線なり」（『李埈公実録資料』）と分析している。

日本政府は李埈鎔の行動が朝鮮王朝の疑念を招き、国交に影響を及ぼすのではないかと憂慮した。そこで、李埈鎔がかねてから希望していたイギリス留学を利用し、彼を国外に出すことにした。旅費の四〇〇〇円は明治天皇が下賜している。

一八九七年八月二五日に日本郵船株式会社の土佐丸に乗って東京を出発した李埈鎔は、香港、シンガポールを経て、一〇月二七日にロンドンに到着した。その直後の翌年一月八日と二月二二日に祖母と祖父、すなわち李昰応夫妻の訃報に接している。李埈鎔は帰国を願ったが、在英特命全権公使の加藤高明《かとうたかあき》に「身上危険の恐れある」と説得され断念した。

イギリス滞在に飽きた李埈鎔は、一八九九年に東京に戻った。この前年、大韓帝国では安《アン》駉寿《ギョンス》が高宗皇帝の退位を画策して失敗し、亡命するという事件が起きていた。これに関連して李埈鎔にも嫌疑がかけられ、大韓帝国政府は日本政府に引き渡しを求めた。だが日本政府は応じていない。国際例規で政治犯の引き渡しは認められていないし、たとえ政治と関係なくても、日韓間では犯人引き渡しに関する条約を結んでいないというのがその根拠であった。

これを受けて高宗皇帝は刺客を日本に派遣し、李埈鎔を亡き者にしようとした。しかし、警戒中の石和田民五郎巡査部長が刺客を取り押さえ、暗殺は未遂に終わっている。高宗（李太王）と李埈鎔（李埈公）は叔父と甥の間柄でありながら、韓国併合前は命を狙い狙われる関係にあったのである。

李埈鎔は伊藤博文統監の周旋で一九〇七年にようやく大韓帝国に帰国した。同年九月に永宣君に封ぜられている。

李鍝が養子となって家督を相続

先述したとおり、李埈鎔は併合後に李熹公から公の尊称を継ぎ、李埈公として公族になった。しかし、一九一七年に数え四八歳で早世する。このとき公妃金氏との間には嗣子がいなかったので、李熹公系の公家は廃滅の危機に陥った。不安にかられた金氏は閔丙奭《ミンビョンソク》李王職長官を召して「この尊い雲峴宮の将来と大院王〔李昰応〕の栄錫《えいしゅく》を百年の後に伝うることは、一に卿等の誠意に信頼するの外ない」（『李王宮秘史』）と要請したという。

李王は日を経ずして李載覚《イジェガク》、李海昇《イヘスン》、李海昌《イヘチャン》、趙東潤《チョドンユン》といった近親や朝鮮貴族の重鎮を仁政殿東行閣に召集して会議を開き、李堈公の次男李鍝《りぐ》《イウ》を李埈公の養子にして公の尊称を継がせる方針を決定した。韓国併合前には骨肉の争いを繰り広げた李太王もこれに同意したため、李王職長官が波多野宮内大臣へ会議の結果を報告し、勅許を奏請するよう求めた。波多野宮内大臣は、おおむね次のような意見書を作成し、五月二五日に勅許を願い出ている。

高下貴賤《きせん》にかかわらず、家格、祭祀、財産等を長らく存続させるのは一般の情理である。皇室典範は皇位継承の範囲に皇兄弟、皇伯叔《はくしゅく》およびその子孫だけでなく、一般の皇族も含めている。民法は養子に家督相続を認めているし、華族令も一部の制限はあるが、養子による相続を容認している。それゆえ、冊立詔書にある世襲の文言は直系に限定しているとみるべきではない。たしかに、皇族は養子縁組できないのだから、王公族も同様だという批判はある。しかし、王公族を皇族の礼をもって遇するのは尊厳の等級を定めたものであって、皇位継嗣の問題とはまったく関係がない。王公族は各々が特別の恩典にあずかる一家を形成しているのであり、この点においてむしろ華族に似ている。華族は養子が認められているので、王公族も、少なくとも李氏の系統で王公家にある者は養子に迎えてよいはずである。

(『王公族録　大正六年』)

このような波多野の後押しもあり、養子の件は勅許を得た。かくして、李鍝は数え六歳で李熹公系の公の尊称を継ぎ、李鍝公として公族となる。ただし李鍝公はまだ幼かったため、李王職長官が後見人となった。

李鍝公は一九一二年一一月一五日に李堈公と侍女金興仁《キムフンイン》の間に生まれ、二二年七月に上京し、兄の李鍵が通う学習院初等科に編入した。この上京は李鍝公の希望によるものである（『倉富勇三郎日記』一九二二年七月一一日）。徳川頼倫《よりみち》宗秩寮総裁や倉富勇三郎宮内省御用掛は朝鮮語を忘れてしまうのではないかといった懸念を示しつつも、特別な措置はとらずに通常の勉学に専念させた。李鍝公は上京後も長期休暇を利用して頻繁に京城に帰省しており、一九二三年九月一日の関東大震災もそれで罹災《りさい》を免れている。

朴泳孝の孫娘と結婚

李鍝公は一九三五（昭和一〇）年五月三日に朴泳孝の孫娘朴賛珠《パクチャンジュ》と結婚した。彼女は結婚と同時に公妃として公族となっている。

兄の李鍵公は、李鍝公が何かにつけて反抗的であり、日本人との結婚も「民族の血がけがれる」（「朝鮮王朝の末裔」）として受け入れなかったと述べている。こうしたことから、李鍝公は政略結婚に利用されるのを嫌い、宮内省が日本人の娘を結婚相手として内定していたにもかかわらず、その前に朝鮮人との結婚を断行したと説明する伝記などもある。

たとえば一九八二年に韓国で出版された李基東《イギドン》『悲劇의《の》 軍人들《たち》』では、李鍝公は陸軍士官学校本科に進学した頃に後見人の韓昌洙《ハンチャンス》李王職長官に内緒で朴賛珠と婚約したとしている。李鍝公が陸軍士官学校本科に進学したのは一九三一年一〇月一日、韓昌洙が李王職長官だったのは三二年七月までである。したがって、李鍝公はこの間に朴家の了承を得て婚約の

既成事実を作ったということになろう。

しかし、朴賛珠の父朴日緒《パクイルソ》は一九三一年三月に亡くなっているので、このとき朴家は喪中であった。李垠と方子の結婚のときに服喪期間をめぐって朝鮮貴族や一般民衆が反発したことは朴泳孝も記憶していたはずである。それにもかかわらず、世間から批判される危険を賭《と》してまでこの時期に李鍝公の求婚を受け入れたとは考えがたい。

また『悲劇の軍人たち』によれば、宮内省は韓昌洙李王職長官からの連絡を受けて遺憾の意を示し、李鍝公を説得して婚約を撤回させるよう李王職に指示したという。しかし、そのような重大事が、『王公族録』『李鍝公殿下御結婚書類』などの公文書にいっさい記録されていないのは不自然である。しかも、李鍝公は一九三一年末の冬期休暇中には例年どおり京城に戻っているし、その後も当局が帰省を阻止するようなことはしていない。実際に騒動を起こしていたならば、あまりに穏便な措置である。

『悲劇の軍人たち』には、韓昌洙李王職長官が李鍝公の説得に当たるシーンも描写されている。ここで韓昌洙は、朴日緒が朴泳孝の庶子だからその娘との結婚はダメだと述べているが、同じく庶子である李鍝公にそのようなことをいうだろうか。すでにみてきたとおり、李垠、李徳恵、李鍵公、李埈公ら王公族のほとんどは庶子である。したがって、李鍝公が当局の意に反して朝鮮人と婚約したというエピソードは創作の可能性が高い。

ところで、李鍝公自身が日本人との結婚を避けていたというのは兄李鍵公の証言もあるので、そうなのだろう。しかし、それだけの理由で朝鮮人の朴賛珠を選んだとみるべきではない。むしろ朴泳孝との関係に注目すべきである。

李徳恵は李王家の人間とはいえ、特例で王族になったにすぎないのに宗伯爵家に嫁いだ。また、李堈公家第二代当主となった李鍵公は広橋伯爵家の娘を娶った。となれば、李熹公家の第三代当主たる李鍝公にはそれ以上の家格を持つ家の娘を迎えたいという自負心があって当然である。この条件を満たす日本人、すなわち皇族か伯爵以上の華族と結婚するのは容易ではない。

李鍝公と朴賛珠夫妻

しかし、朝鮮貴族に目を向ければ、併合前に親日開化派として活躍した朴泳孝が侯爵になっていた。彼は李鍝公の実父李堈と旧知の仲であるばかりか、一八七二年には哲宗の庶子である永恵《ヨンヘ》翁主《オンジュ》を娶っていたので、旧大韓帝国皇室との縁故もあった（ただし永恵翁主は結婚した年に死去）。それに加えて、孫娘がちょうどよい年頃という条件も備わっていた。こうした理由から当局の意に沿う形で李鍝公と朴賛珠の結婚が進められたとみるべきであろう。
当局の意に沿っていたというのは、この結婚が王公家軌範にもとづいて勅許を得たうえで実施されているからである。もし朝鮮総督府や宮内省が日本人の娘を嫁がせるという方針を立てていたならば、李鍝公は朴賛珠との結婚について勅許を奏請することすらかなわなかったはずだ。

他方で、朴泳孝としても公族と姻戚関係を結べるこの縁談は渡りに船であった。先述したとおり長男の朴日緒が一九三一年に他界し、二〇歳にも満たない孫の朴賛汎《パクチャンボム》に家督を継承させなければならない状況にあったからだ。早々に強力な後ろ盾を得なければ、家が没落する可能性があったのである。

ともあれ、李鍝公は朴賛珠と結婚し、一九三六年四月二三日に長男清《せい》《チョン》、四〇年一一月九日に次男淙《そう》《ジョン》をもうけた。二子は生まれながらの公族であった。一九四五年八月七日に李鍝公が薨去すると、長男の李清が公の尊称を継承して李清公となった。

李埈公の忘れがたみ李辰琬

李鍝公が李熹公系の公を継承したとき、実は李埈公の血を継ぐ子がまったくいなかったわけではない。李埈公は薨去する前年の一九一六年五月一八日に侍女全順嬿《チョンスニョク》との間に辰琬《しんえん》《ジヌァン》という女児をもうけていたのである（認知は翌年二月一六日）。しかし、朝鮮の伝統では男系男子によって血統が維持されるため、辰琬が当主として公を継ぐという意見は出ていない。彼女は一九二六年に王公家軌範が制定されてはじめて故李埈公の子として公族となった。

辰琬は一九二九年三月に京城鍾路《チョンノ》小学校を卒業したときに「発育不充分にて繊弱《せんじゃく》」と診断されている。王公族は皇族と同じく学習院に進学しなければならなかったが、特別な事由があれば別の学校でも構わなかった。それゆえ、虚弱な辰琬は朝鮮を離れることなく、京城公立女子高等普通学校に進学した。

その後、一九三四年一二月二〇日に尹致昭《ユンチソ》の六男尹源善《ユンウォンソン》に嫁ぎ、公族の身分を離れて一般臣民となっている。李熹公家の家督が李堈公系の李鍝公のもとに移ったことで、辰琬は公家のなかで食客に近い立場になっていた。こうした縁故の弱さが、朝鮮貴族や華族に嫁げなかった一因になったのではないかと考えられる。

とはいえ、尹家は朝鮮で有数の富豪であった。したがって、尹源善がいわゆる〝普通の〟一般臣民だったわけではない。長兄の尹潽善《ユンボソン》は日の出小学校を経て東京の正則予備学校やイギリスのエディンバラ大学に留学し、次兄の尹浣善《ユンワンソン》は京城帝国大学を卒業している。尹源善自身も東京高等造園学校を卒業して朝鮮総督府の農林局林政課に勤務するエリートであった。

ところで、長兄の尹潽善はイギリスに渡る前に大韓民国臨時政府（上海に設立された亡命政府）の一員として独立運動に関与した過去があった。しかし、身元調査書には「〔尹家に〕一人の不良者浪費者なく、他に模範を示しつつあり」（『公族李辰琬殿下御婚嫁書類』）と書かれており、当局が特に気にしていなかったことがうかがえる。

尹潽善は、第二次世界大戦後にソウル市長を経て韓国の第四代大統領となり、尹源善も京畿道知事に就任した。第4章でみるように、多くの王公族が食うや食わずの貧しい境遇に陥ったことを考えると、辰琬の人生は「塞翁《さいおう》が馬」を地で行くようなものであった。

3 宮内省による「王公族譜」の編纂

書類への登録

一九二六(大正一五)年に王公家軌範が制定されて王公族の範囲が法的に定まると、翌年から宮内省図書寮の主導で王公族の登録簿たる「王公族譜」の編纂がはじまった。王公族と見なされた者はここに登録されたのである。

王公族譜の体裁は天皇や皇族の系譜をまとめた大統譜や皇統譜によく似ている。王家・公家ごとに代がかわるたびに編纂されたため、現在宮内庁に所蔵されているのは、全九種である(2-7参照)。ただし、李熹公系第四代の李清公族譜だけ二冊あるため、冊数は一〇である。王公族譜は正副二冊を作成し、副本は京城の李王職で保管することになっていた。しかし、李清が公を継いだのは終戦間近であり、公族譜を調製したのは一九四五(昭和二〇)年一一月一九日であった。それゆえ副本は海を渡らず、そのまま宮内省で保管されたのであろ

2－7　王公族譜一覧

王族			公族					
			李堈公系		李熹公系			
第一世王族譜	第二世王族譜	李太王王族譜	第一世李堈公族譜	第二世李鍵公族譜	第一世李熹公族譜	第二世李埈公族譜	第三世李鍝公族譜	第四世李清公族譜

う。その証左として、九冊は背表紙が紫色だが、重複する一冊だけ水色になっている。

宮内省は王公族譜を編纂するために図書寮の事務官を京城に派遣して李王職に調査を依頼し、さらに朝鮮王室歴代の系譜や典拠資料を東京へ送付するよう求めた。李王職はこの要請に応じ、一九三一年八月までに初代から第二三代までの系譜を送っている。

王公族譜を編纂する過程で特に問題になったのは、王世子李垠の長男李晋、李熹公の娘李氏、李埈公の弟で併合前に早世した李埈鎔の寡婦金氏の三名を登録するか否かであった。王公家軌範の制定以前に薨去もしくは離籍したため、実質的には王公族になっていないからである。

しかし、彼らは王公族譜に記載された。李晋に関しては誕生の日に大正天皇が詔書を発して皇族の礼遇と殿下の敬称を用いることを約束し、しかも宮内省が誕生、命名、薨去の事実を公示していた。それゆえ、王族と見なさないわけにはいかないと考えられたのである。一方、李氏と金氏については、身分や待遇が宮内省から公示されたことはなかった。だが、もし併合当時に王公家軌範が制定されていれば、二人は疑いなく公族になっていたとの判断から公族譜に加えられた。書類上ではあるが、三人は王公族と見なされたのである。

読みと字画へのこだわり

王公族譜を編纂するまで、王公族の名の読み方や字画は確定していなかった。たとえば、李太王の名「㷩」は「熙」と同字と考えられていたため、当初は「き」の読みがふられていた。しかし、これに対して李王職長官の韓昌洙は、『康熙字典《こうき》』を典拠として「㷩」は「熙」とは異なり「逈《けい》」と同音であると主張した。この意見が認められ、李太王の名の読みは「けい」となる。

また、李垠の「垠」に関しても、韓国併合時の宮内省公示では「李垠殿下《りこん》」となっていたが、一九三二年三月四日に至って、本人の希望により「こん」から「ぎん」に改められている。このときも『康熙字典』で「垠」が「銀」と同音であることが確認された。

字画に関しては、李鍝公妃の朴賛珠とその両親の名前が問題となった。具体的には朴賛珠の「賛」、父朴日緒の「緒」、母朴元熙の「熙」である。①朴家の戸籍原本によると親族で「賛」を使っている人がいること、②朴日緒にする前の名は吉緒であり、日の上に「丶」がある「緒」を使っていること、③「熙」は「熙」の誤字と考えられることなどを宗秩寮総裁の木戸幸一が指摘したのだ。最終的に「熙」は「熙」に改められたが、「賛」や「緒」はそのまま記載された。

　このように宮内省や李王職は王公族やその親族を帝国内に位置づけるために、細心の注意を払って王公族譜を編纂していったのである。

姓の取り扱い

　王公族譜には一九二七（昭和二）年に制定された「王公族譜規程」にもとづいて名しか記されなかった。これは天皇や皇族の大統譜や皇統譜と同じであり、王公族は皇族と同様、登録簿上は氏姓を持たなかったわけだ。ただし、韓国併合時に冊立詔書を作成する過程で宮内省と統監府の葛藤があり、純宗皇帝を「王」として冊立しつつも称するときには「李王」とした。それゆえ、公族の呼称も李堈公、李熹公のように「李」が付いていたし、公文書でも李垠、李徳恵と表記するのが一般的であった。王公族は登録簿と日常の呼称で氏姓の有無が一致していなかったのである。

　登録簿に名しか載せないというルールは朝鮮の慣習にそぐわなかった。なぜならば、朝鮮の女性は名を持たず、父から受け継いだ姓だけを名乗ることが多かったからである。王公族でも李王妃尹氏、李埈公妃金氏などがこれに該当する。また、朝鮮の姓は日本の氏のように家に付くものではないので、結婚しても不変であった。その一方で、奴婢《ぬひ》は姓を持たず、犯罪者は姓を剝奪されるといった特徴があった。ゆえに、李鍝公に嫁いだ朴賛珠を「賛珠」とのみ記してもよいのかが問題となる。

これに対して篠田治策李王職長官は、朝鮮人を心服させるためには旧慣を尊重するべきであり、「朴賛珠」「尹氏」「金氏」はそれ自体を名と見なしてそのまま王公族譜へ登録しなければならないと主張した。「尹氏」「金氏」の場合はこれを名と見なさなければ何も残らないので篠田の主張どおりになったが、朴賛珠の「朴」は名として扱われず、方子や誠子と同様「賛珠《さんしゅ》」のみ記載された。公式の呼称も、当初は「李鍝公妃朴賛珠殿下」とする案が考えられたが、宮内省内の会議を経て「李鍝公妃賛珠殿下」となる。

第3章　「皇帝」の死と帝国日本の苦悩

1　異例の「国葬」選択――朝鮮人の懐柔のために

李熹公と李埈公の葬儀

旧大韓帝国皇室たる王公族の儀礼には朝鮮の古礼を適用すべきなのか、それとも皇族に準じて日本式（神式）を適用すべきなのか。こうした課題に何も答えぬまま一九一〇（明治四三）年に韓国併合は実施された。しかし、たとえ葬送や服喪に関して決まった方式がなくても、死期は待ったなしでやってくる。王公族の薨去には臨機応変に対処していかなければならなかった。

前章でも言及したように、王公族ではじめに他界したのは李熹《イヒ》公《りき》であった。彼は慢性腎臓炎の持病に尿毒症を併発し、一九一二（大正元）年九月に危篤となる。朝鮮人医師に代わって朝鮮総督府医院の藤田嗣章院長らが往診し、カンフル注射などを施して延命を試みたが、九月九日午前〇時三〇分に京城で永眠した。

李王職はわずか三日で葬儀の式次第を作成し、九月一二日に宮内大臣に提出した。この計画書どおり、霊柩《れいきゅう》は九月二八日に本邸から鍾路通、南大門通、麻浦《マポ》街道京義《キョンイ》線のトンネルを経て孔徳里の祭場へ運ばれ、翌日、金浦郡楓谷里《ふうこくり》の墓所へ埋葬されている（一九二〇年に和道面倉峴里《そうけんり》に改葬）。葬儀行列は古式に則って「特異珍奇」な面と熊皮をまとった悪霊払いの方相氏が先導し、朝鮮王朝時代と変わらぬ雰囲気を醸し出した。

さらに李熹公から公の尊称を継いだ李埈《りしゅん》《イジュン》公が父を追うように五年後に薨去した。彼も腎臓病に悩まされており、一九一二年四月に朝鮮総督府医院に入院、その後、自宅で療養しているときに萎縮腎を発症している。しばらく症状は和らいでいたが、一九一七年三月二二日午前五時に突然心臓に異常を来して失神し、午後三時に危篤に陥って午後八時に息絶えた。四月五日午後一時に京畿道高陽郡龍江面塩里（旧孔徳里）の祭場で葬儀が執り行われ、遺骸はそのまま同地に埋葬された。皇族の例規に従って会葬の陸海軍武官は正装し、弔砲も皇族と同様二一発であった。

李熹公と李埈公の葬儀は朝鮮式に行い、服喪期間など法とかかわる箇所では皇室令を援用した。この二例は公家で行う内葬のような性格だったので、このような弥縫《びほう》策でも特に問題がなかったといえよう。しかし、続いて薨去した李太王と李王は旧大韓帝国の皇帝であり、内々の葬儀で済ませるわけにはいかなかった。

国葬となった李太王

李太王は李垠《りぎん》《イウン》と方子《まさこ》の結婚を目前に控えた一九一九年一月二一日（公式発表は二二日）に急逝した。婚儀に列席するために東京に来ていた長谷川好道《はせがわよしみち》総督は、一月二二日に原敬首相を訪問して、「李太王死去に付国葬となしては如何」（『原敬日記』一九一九年一月二二日）と申し入れている。政府の行動は素早く、この日の緊急臨時閣議で国葬方針を決定した。

国葬とは国家が主体となって行う葬儀であり、誰もが受けられる礼遇ではない。しかも日本では誰に対して行うのか明確な基準もなかった。ただし、明文化した基準がなくとも、ある程度の共通認識はあったようである。たとえば、一九一三年に桂太郎が危篤に陥ると、山本権兵衛《やまもとごんべえ》首相は国葬問題が起きるのではないかと懸念し、内務大臣の原敬に相談した。これに対して原敬は、「国葬は薩長の旧藩主の外は三条《さんじょう》〔実美《さねとみ》〕、岩倉《いわくら》〔具視《ともみ》〕、伊藤〔博文〕のみなり。其他は皇族に限れり。桂は気の毒ながら適当ならざるが如し」（同前、一九一三年一〇月七日）と応じているからである。

李太王以前に国葬となった人物で、原敬のあげた条件に合致しないのは島津久光《しまづひさみつ》と大山巌《おおやまいわお》だけである（3-1参照）。しかし、「三条、岩倉、伊藤」を明治維新に貢献した者と解釈したらどうだろうか。島津久光は言及するまでもないだろう。大山については、日清・日露戦争における武勲が実質的な理由だが、名目上は「維新以来の勲功」に対して国葬執行の内

3－1　明治維新以降の国葬者一覧

国葬者	国葬年月日
岩倉具視	1883年7月25日
島津久光	1887年12月18日
三条実美	1891年2月25日
有栖川宮熾仁親王	1895年1月29日
北白川宮能久親王	1895年11月11日
毛利元徳	1896年12月30日
島津忠義	1898年1月9日
小松宮彰仁親王	1903年2月26日
伊藤博文	1909年11月4日
有栖川宮威仁親王	1913年7月17日
大山巖	1916年12月17日

議が下されていた。つまり大正期までの国葬条件は、皇族、薩長の旧藩主、維新への貢献のどれかに該当しなければならなかったのである。

原敬は桂太郎の国葬問題を論じる直前に「元来世間にては余と桂との間に種々の浮説をなせども何等特殊の関係なし。個人としても政党としても私恩などは毛頭之無し」（同前）と述べている。純粋に桂太郎が条件に当てはまらないから国葬に反対していたといえよう。

それではなぜ李太王は国葬になったのだろうか。たしかに、冊立詔書は王公族を「皇族の礼」で遇することを約束していた。しかし、それまで皇族で国葬になった者は親王に限られていた。皇族のカテゴリーにあるのかさえ不確かな王公族を親王と同列において国葬したとみるのは無理がある。首相として韓国併合を成立させた桂太郎が国葬にならず、併合された側の李太王が国葬となった理由は何だったのであろうか。

皇族を超えた処遇

その答えは単純である。朝鮮人を懐柔するためであった。

帝国議会における国葬予算の審議過程で貴族院議員の前田利定《まえだとしさだ》は、李太王を国葬するという聖旨を朝鮮人が聞けば「必ずや感涙に咽《むせ》び感激いたす」と述べている。しかし、皇族ではなく、明治維新に貢献したわけでもない李太王の葬儀を国葬とするためには、少なくとも国家に対する勲功が必要であった。そこで前田は、李太王の勲功を次のように説明した。

熟々《つくづく》併合当年のことを回想いたして見ますれば、李王殿下が能《よ》く世界の大勢を深く御洞察遊ばされ、且《かつ》又我が明治大帝の大御心《おおみこころ》を能く御了解遊ばされて、東洋の平和の為に朝鮮の福利の為に、和平隆昌《りゅうしょう》の今日あるを御導きになったと云うことは申す迄もないことであります。併《しか》しながら又李太王殿下が深く我が皇室に御信頼遊ばされて満腹の御誠意を以て此事を御賛襄《さんじょう》遊ばした所の御力も与《あずか》って大なるものであると本員は深く信じて疑わないのであります。

（『帝国議会貴族院議事速記録』）

つまり、韓国併合は李王が調印に応じたからこそ成立したのだが、李太王の協力も看過できないというのだ。

しかし、李太王は甲午改革中にロシア公使館に逃亡し、第二次日韓協約の締結後にはハーグ平和会議に密使を派遣して日本の「不当性」を国際社会に訴えようとした人物である。日本から見れば厄介者だったといえよう。しかも韓国併合への貢献が国葬の理由ならば、桂太郎も等しく国葬とされるべきであった。だが、朝鮮の懐柔においてそのような不都合な事象はすべて黙殺されたのである。

李太王の国葬は朝鮮人に見せるという特殊な事情にもとづいて準備されたため、直前の大山巌ではなく有《あり》栖《す》川宮《がわのみや》威仁《たけひと》親王の前例に準拠することになり、予算額も破格であった。日本の国葬費は第一回目から三万円が標準であり、伊藤博文のときに物価を考慮して四万五〇〇〇円に増額、さらに有栖川宮威仁親王のときには、皇族が「臣下と同一の標準に依《よ》るべからざる事情あり」とのことで五万円になっていた。ところが、李太王の国葬費はこの倍の一〇〇万円が設定されたのである。

国家公務員（高等文官試験に合格した高等官）の初任給が七〇円の時代なので、一〇〇万円は現在の価値で二億〜三億円に相当しようか。ただし、その金額の大きさよりも注目すべきは、皇族が臣下と同水準では好ましくなかったにもかかわらず、王族が皇族を超えるのは問題ないと考えられていた点であろう。

こうした皇族の前例を参考として皇族以上に持ち上げる優遇は、同時に日本式の強制にもつながった。もちろん政府は朝鮮側の反発を考慮し、基本方針として朝鮮の旧慣を加えることを掲げていた。しかし、国葬の「国」はあくまで日本である。朝鮮式でやるわけにはいか

3－2　李太王の国葬と内葬（1919年）

	国葬（日本式）	内葬（朝鮮式）
2月9日	国葬奉告の儀	
3月1日	賜誄の儀	
3月2日	斂葬後柩前祭の儀	
3月3日	霊輿発引の儀 葬場祭の儀	
3月4日		埋葬の儀
3月5日		返虞の儀
3月6日	斂葬後権舎祭の儀	
3月7日	斂葬後墓所祭の儀	

なかった。そこで葬儀掛（主に朝鮮総督府、李王職、宮内省の職員で構成）は、葬儀を国葬と李王家の内葬に分けるという方策をとっている。一般の告別式にあたる「葬場祭の儀」までを国葬として日本式で執り行い、霊柩を墓所に埋葬する儀式は主体を李王家に移して朝鮮式で行うとしたのだ。

朝鮮王朝の伝統では国王が薨去してから二ヵ月後に葬儀を行ったため、李太王の国葬は三月に行われることが早くから予想されていた。李王家は縁起のよい三月四日に内葬（埋葬の儀）を持ってきたかったため、国葬をその前日にするよう葬儀掛に依頼した。これにより、国葬のメインイベント「葬場祭の儀」は三月三日となる。

直前に三・一独立運動が発生

国葬と内葬の日程が決まると、葬儀見物を目的として朝鮮人が京城に集まりはじめた。当時の盛況ぶりは、次のような新聞記事からもわかる。

国葬儀も愈《いよいよ》目睫《もくしょう》の間に差迫《さしせま》り、八方から流れ込んで来る参列者拝観者のために京城は恰《あたか》も渦巻の中心のような観を呈し始めた。之を立証するものは京城を中心としての列車乗客の激増である。廿七日《にじゅうしち》、本紙夕刊にも記載したように、各地からの団体乗車は到底輸送不可能の為め会社側では絶対に申込みを拒絶して居るが、是等《これら》の団体が個人として乗車するとせば、普通の列車は一層の混難を来すことになる。廿七日朝、釜山発同夜南大門駅着の列車の如きは戦時の軍隊輸送の光景其儘《そのまま》であった。

(『京城日報』一九一九年三月一日)

当局の目論見《もくろみ》どおり、朝鮮人に〝見せる〟国葬の下地が形成されつつあった。しかし、この急激な人の凝集は、集会が禁じられていた朝鮮で独立運動を起こす絶好の機会となる。

前年一月にはウッドロウ・ウィルソン米国大統領が第一次世界大戦後の国際秩序を想定して民族自決を含む「一四ヵ条の平和原則」を唱えており、朝鮮では独立の機運が最高潮に達していた。天道教の教主孫秉熙《ソンビョンヒ》はこの機に仏教界やキリスト教界と大同団結し、独立の意志を国際社会に向けて宣言しようと画策する。天道教とは、東学の第三代教主であった孫秉熙が東学の流れを受け継いで一九〇五年に創始した宗教である。

孫秉熙らは非暴力を理念とする平和的な独立運動を目指しており、血気にはやる学生たちを「意見浅薄」と蔑視《べっし》していた。しかも学生たちが三月三日の「葬場祭の儀」当日に何かを企《たくら》んでいるという情報を入手すると、朝鮮軍司令官の宇都宮太郎《うつのみやたろう》にリークするとともに、自分たちはそれに先んじて三月一日に独立宣言書を配布したのである。

当初はパゴダ公園に集まった群衆を前に演説するつもりであった。しかし、「無智人民等が暴動を為すかも知れぬ」（『三・一独立運動』）との懸念から、場所を仁寺洞《インサドン》の料亭泰和館《テファグァン》に移し、ひっそりと独立を宣言するにとどめてしまう。

しかし、実力行使を望む学生たちはそのような穏健な行動に満足せず、パゴダ公園で演説をはじめた。熱気に包まれた聴衆は公園を飛び出して「独立万歳」を叫びながら市街をデモ行進し、「なぜ万歳を唱えぬか、朝鮮が独立したのになぜ万歳を叫けばぬか」（『朝鮮併合史』）と煽《あお》りつつ、国葬見物のために上京した朝鮮人をデモの波に吸収していった。このような京城の様子を目にした地方の人々が故郷に帰って触れ回ることにより、独立を叫ぶ声は朝鮮全土に伝播《でんぱ》したのである。

寂寞の国葬、盛況の内葬

三・一独立運動の発生は国葬の成否に多大な影響を及ぼした。三月三日の早朝、李太王の霊柩を「葬場祭の儀」式場である訓練院に運ぶため、皇族と同じ日本式の葬儀行列が徳寿宮を出て黄金町《こがねまち》通を東大門方面に進んだ。道筋では各学校の生徒が整列する予定であったが、

李太王の国葬

朝鮮人の大部分が登校しなかったため、日本人だけで奉送するという「奇観」を呈することになる。しかも「京城市中は戒厳令を布けるが如き光景にて殊《こと》に葬列も葬場も全く武装せる軍隊警官の垣を作って漸《ようや》く事なきを得〔る〕」（『李王宮秘史』）という状況であった。

「葬場祭の儀」では李太王の国葬を〝失敗〟と決定づける、より深刻な情景が醸し出された。告別式にあたるこの儀式に参列できるのは参入証を手にした朝鮮貴族や各地の有力者に限られ、座席も八〇〇席ほどであった。ところが、朝鮮人のほとんどがボイコットしたため、会場は空席だらけだったのである。

〔李〕太王殿下に最も恩寵《おんちょう》を受けた朝鮮貴族としては李完用侯、宋秉畯伯等の諸氏僅《わずか》に指を数えるほどであった。〔中略〕式場は如何にも寂寞《せきばく》で幄舎《あくしゃ》は空席のみであった。それは純然と日本の式でやると云うので式服其他の制限も窮屈であり、殊に全鮮を挙げて民族運動開始され、人心の動揺その極に達していることとて、式場に参列せし朝鮮人は僅に七十余名であって、他は悉《ことごとく》内地の官吏及び公職を帯びた人々であった。

（『李王宮秘史』）

一方で、国葬後に行われた李王家の内葬には多くの朝鮮人が参加した。午前一一時一五分に「葬場祭の儀」が終了すると、東大門外に長蛇の列となって待機していた朝鮮式行列は、李太王の霊柩を載せた大輿《おおこし》を担ぎ、金谷里の墓所へ向かって動き出す。道筋では奉悼者《ほうとうしゃ》がひざまずいて慟哭《どうこく》し、夜になると近村の民衆が篝火《かがりび》を焚《た》いて葬列を導いた。金谷里における「埋葬の儀」では、一万五〇〇〇名を超える人々が集まったという。

権藤四郎介李王職事務官は、寂寞たる国葬と盛況たる内葬を目の当たりにして、「民情の機微を感ぜずには居られ〔な〕かった」と述懐している。先述したように、李太王の葬儀は日本国の体面を保持しつつ朝鮮の旧慣を入れたため、日本式の国葬と朝鮮式の内葬に分かれた。この分離は、三・一独立運動で高まった抗日意識を日本対朝鮮という単純な対立項で可視化する役割を果たしたのである。朝鮮人の間でささやかれた次のような発言は、それを如実に表していよう。

あれは総督府が権力を以《もっ》て、〔李〕太王殿下の霊骸《れいがい》を奪ったものである。我々は抵抗する力がないから止むを得ず貸て置くに過ぎぬ。我々朝鮮人は別に古来伝統せる儀式を以て奉葬するのである。殿下の御亡《な》き骸《がら》は日本人の手にあっても、霊魂は我々朝鮮人の上に在《あり》ます。（同前）

李太王の国葬が〝失敗〟に終わると、李王職や朝鮮総督府は王公族の儀式に日本式を適用することに否定的な態度をとるようになった。たとえば、権藤李王職事務官は、「余りに儀式の末節に拘泥《こうでい》し、極端に参列の資格衣冠服装を強制したので、却《かえ》って民族心理を挑発し、朝鮮にて国葬を行うという重要な意義を没却《ぼっきゃく》したのは遺憾であった」と述べ、当局の姿勢を痛烈に批判している。

国務大臣代表として国葬に参列した野田卯太郎《のだうたろう》逓信大臣は、右のような権藤の意見に賛同し、「日本の国葬式を慣習の違った朝鮮人に用いるのは、仏教信者に基督《キリスト》教の儀式を強いるものと同じだ。〔中略〕全く失敗であった」（同前）と感慨深く語ったという。

2　墓碑、弔旗への「皇帝」掲記要求

墓碑名は「皇帝」か「王」か

李太王の葬送における問題は儀式だけではなかった。日本の王族でありながら、旧大韓帝国の太皇帝でもあった李太王の墓碑に何と書くべきか議論となったのである。

李太王は清涼里《せいりょうり》の洪陵に眠る王妃閔氏の遺骸と合墳されることを望み、生前に左記の碑文を用意していた。

大韓□□□□□洪陵
明成皇后 □□

□の部分は空欄であり、「大韓」の下には死後に付与される廟号《びょうごう》と太皇帝の尊号を、「明成皇后」の下には合墳したときに閔氏が右側になれば「祔右」、左側になれば「祔左」と書く予定であった。なお、明成皇后とは李太王が皇帝を名乗ったときに閔氏を追尊した尊号である。

李太王の葬儀後に閔氏の遺骸を金谷里に移し、後は碑石に「高宗太皇帝」「祔左」と刻字するだけになった。ところが、このとき宮内省が建碑《けんぴ》に難色を示したのである。それを知った一部の者は「大韓」に問題があると理解し、大韓帝国時代の勲章の佩用《はいよう》を認めながら、碑文だけ許可しないのは器の小さい考えだと非難した。

しかし、問題は「大韓」ではなく、「太皇帝」のほうであった。朝鮮総督府は李王家の要請を受けて、李太王の碑文に「高宗太皇帝」と書きたい旨を宮内省に上申していた。これに対して宮内省は、無条件で「太皇帝」を認めることはできないとし、朝鮮統治上やむをえないならば、「前大韓高宗太皇帝」にするよう回答したのである。

だが、朝鮮では碑文に「前」と書く前例がなく、しかも俗称の感すら受けるため李王家の人々や朝鮮貴族は不満であった。斎藤実総督は李王家の不興を買うわけにはいかず、「前」なしの案を認めるよう宮内省に訴えた。しかしながら、日本の皇帝は天皇ただ一人である。宮内省は「前」なしの案を認めるわけにはいかず、この要請をつき返した。

問題の解決に強い関心を持っていた朝鮮貴族の宋秉畯によると、朝鮮の識者の間では碑石の前面上部に極めて小さく「前」と書き、背後にも「後」と記して、「前」は単に表裏を示すかのように装えばよいという意見もあったという。しかし、宋秉畯は「姑息《こそく》なる話」として反対し、この案は実現しなかった。

「愚直なる俠骨」の大胆な行動

一九二二（大正一一）年になって建碑問題は急展開を迎える。碑石を撫《な》でながら嘆息する李王の姿を目撃した高永根《コヨングン》が強硬手段に打って出たのだ。彼は朝鮮王朝時代に閔氏戚族の実力者閔泳翊《ミンヨンイク》の家令として王宮に出入りし、長湍《チャンダン》郡守などを歴任した李王家の旧臣である。閔氏暗殺事件後には刺客として日本に渡り、事件にかかわった禹範善《ウボムソン》を殺害したことで知られる。長らく獄中生活を送り、出獄後は朝鮮貴族閔泳璘《ミンヨンニン》の知遇を得て李王職参奉となり、李太王の墓所を守る任務に就いていた。

朝鮮では三回忌までに碑石を建てられないのは逆賊や賤民などを意味し、「恥辱」と考えられていた。それゆえ「愚直なる俠骨《きょうこつ》」と評された高永根は、一二月の寒風吹きすさぶなか、ひそかに人夫を集めて「高宗太皇帝」「祔左」の字を刻した碑石を無断で建ててしまったのである。

その事実を知った李王職はひどく狼狽《ろうばい》し、始末書を作成したうえで高永根に碑石を撤去させ、内密に事態を収めようとした。しかし、高永根は頑としてこの勧告に応じず、碑石を倒せば「死を決せん」との意を示したため、李王職は処置に困ってしまった。

このとき斎藤総督は牧野伸顕《まきののぶあき》宮内大臣に電報を送り、高永根は李太王を想って行動したのだから「寛大穏便」に片付け、責任者に辞表を提出させて免官すべきだと伝達している。李《イ》載克《ジェグク》李王職長官も宮内大臣に内申し、陵域は壁をめぐらして門戸を閉ざしており、公衆が目にするものではないので、高永根が建てた碑石を認めてほしいと哀訴した。

結局、いったん建てたものを取り壊すわけにはいかず、「大韓高宗太皇帝」の碑文はそのまま維持されることとなる。ただし、李王職長官と次官の管理責任は免れず、李載克と上《かん》林敬次郎《ばやしけいじろう》が辞任した。

李王の薨去にどう対処するか

李太王の国葬から七年後、今度は李王が寿命を迎える。第1章でも言及したように、彼は大韓帝国の皇太子だったときに政争に巻き込まれてアヘン入りのコーヒーを飲んでしまったため、二〇代で歯はすべて抜け落ち、胃潰瘍や萎縮腎を併発して蒲柳《ほりゅう》の質となっていた。

一九二六年四月二五日、例年どおり花見客で賑《にぎ》わっていた昌慶苑はこの日を境に閉鎖された。李王が危篤と報じられたからである。李王職から容態急変の報《しら》せを受けた赤十字診療所の主治医や朝鮮総督府医院の医師らは昌徳宮に駆けつけて治療にあたった。朝鮮総督府の関係者や朝鮮貴族ら六〇名ほども見舞いに訪れたため、大造殿前には馬車や自動車が所狭しと並んだ。

李王はしばらく寝たきりの生活を送っていたが、最近は快方に向かっていたため、危篤は周囲の予期せぬ出来事であった。朝鮮南部の視察に出かけていた斎藤総督は、四月二五日午後八時前に全羅南道の松汀里《しょうていり》駅から一二時間かけて急遽京城へと引き返した。しかし、李王は総督の到着を待たずに絶命する。

朝鮮総督府からの訃報を受けた東京の若槻礼次郎《わかつきれいじろう》首相は、四月二七日午前九時に元老の西園寺公望を訪問して国葬することの了承を求めた。そして午前一〇時の定例閣議でこの方針を正式決定している。同日、「大勲位李王薨去に付特に国葬を行う」という勅令が下された。

朝鮮総督府や李王職は三・一独立運動というトラウマがあったため、王公族の葬儀を日本式に行って再び朝鮮人の反感を買うわけにはいかなかった。権藤李王職事務官によると、湯浅倉平《ゆあさくらへい》政務総監（総督の次席）は「前回の苦き経験に鑑《かんが》み、〔李王の葬儀は〕飽《あく》までも朝鮮儀式を尊重して執行せしむ」（『李王宮秘史』）との考えを持っていたという。それゆえ、湯浅は四月二八日に塚本清治《つかもとせいじ》内閣書記官長に電報を送り、「李王国葬の場合の葬儀様式の件、出来得れば主として朝鮮固有の式に依《よ》りたし。斯《か》くすれば此際人心に及ぼす影響も甚だ良好にして、尚《なお》李王家経費も幾分節約し得て旁《かたがた》好都合ならんと存ず」（『故大勲位李王国葬書類』）と要請していた。

こうして李王の国葬は朝鮮固有の式で行うことを前提に準備されていくことになる。しかし、当局としては朝鮮の独立を表象するわけにはいかなかった。儀式を朝鮮式に行いつつ国葬の主体が日本であることを示すために、どのような措置がとられたのであろうか。

陸軍に元帥位を要求

朝鮮王朝時代には王室の葬儀が国葬（国喪）となり、事務は稽制司《けいせいし》という官庁が担当した。特に太上王、太上王妃、王、王妃のときは国葬都監を設置し、半年という長きにわたって儀式を執り行った。こうした朝鮮の古礼を李王の葬儀にそのまま適用すれば、国葬の「国」が朝鮮となってしまう。

そこで当局は、日本の国葬から儀式だけを取り除き、朝鮮の古礼でよく似たものをその抜

3－3　儀式の入れ替え

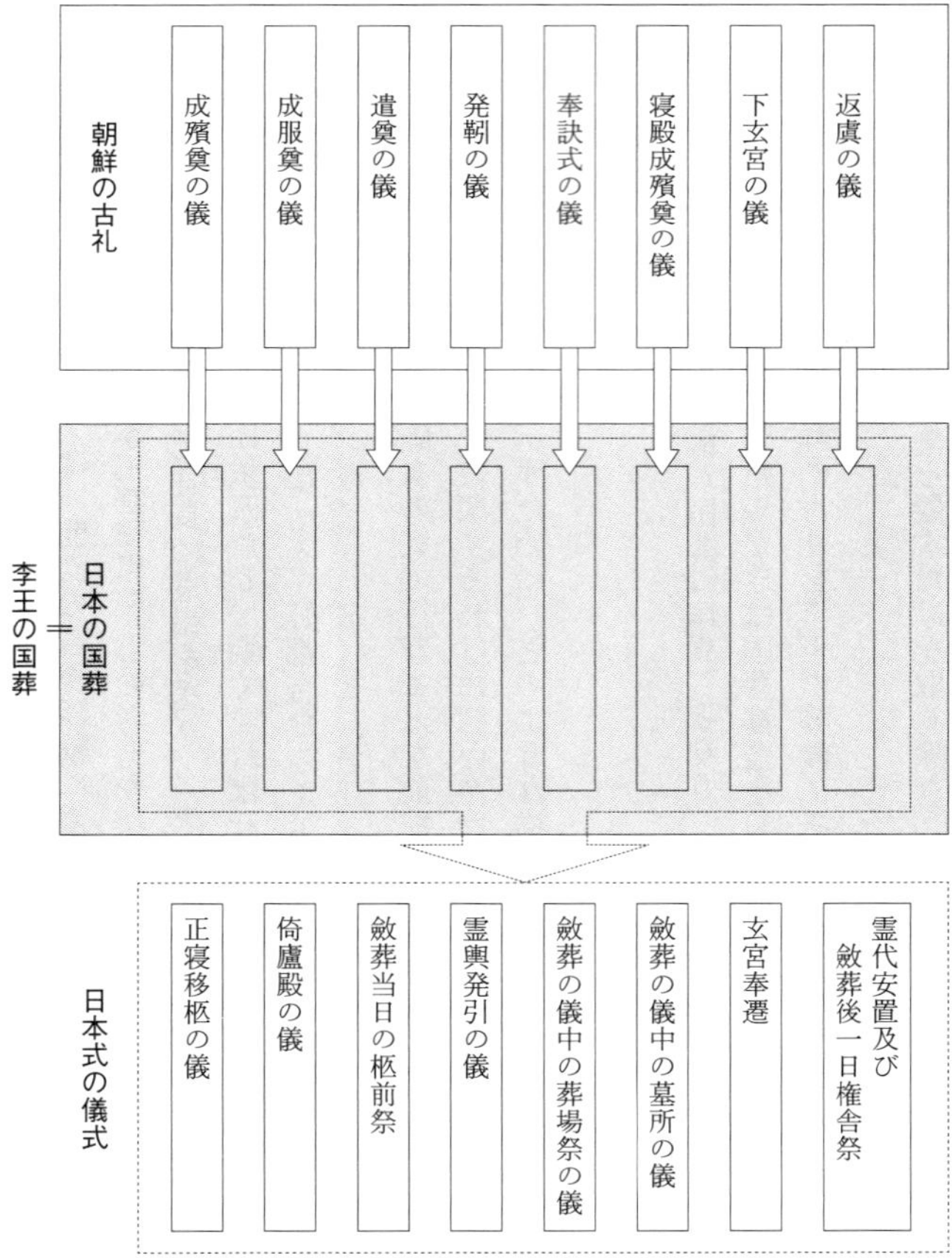
朝鮮の古礼
成殯奠の儀
成服奠の儀
遺奠の儀
発靷の儀
奉訣式の儀
寝殿成殯奠の儀
下玄宮の儀
返虞の儀
李王の国葬＝日本の国葬
日本式の儀式
正寝移柩の儀
倚廬殿の儀
斂葬当日の柩前祭
霊輿発引の儀
斂葬の儀中の葬場祭の儀
斂葬の儀中の墓所の儀
玄宮奉遷
霊代安置及び斂葬後一日権舎祭

けた穴に当てはめるという回りくどい説明をした。こうすることで、たとえ儀式を朝鮮式に行っても、大枠は日本の国葬であるとの名分を維持できたのである（3－3参照）。

当局がとった措置はそれだけではなかった。朝鮮の古礼には存在しない、日本の国葬を象徴する要素を葬儀行列に組み込んだのである。それは儀仗隊と輓馬《ばんば》（車両を引く馬）であった。

儀式に用いる剣や弓矢などを装備した兵員を儀仗隊という。これは国葬などの国家儀礼を厳粛に演出し、天皇の威光を示すうえで欠かせない存在である。日本の国葬とは「天皇陛下が特に賜う所の大礼」であり、李王を国葬するのは、天皇が李王を勲功ある日本人と見なして国家の礼を賜うことを意味した。となれば、李王の国葬から天皇の威光を示す儀仗隊や輓馬を除くわけにはいかなかったのである。

しかし、李王の国葬は朝鮮固有の式にもとづいて行わなければならない。朝鮮の古礼にはない儀仗隊や輓馬をいかなる論理で葬儀行列に組み込んだのであろうか。それは朝鮮総督府の「李王殿下御薨去に関する彙報《いほう》」で次のように説明されている。

> 今回の国葬は主として朝鮮式によって行わるる結果、旧慣による成殯奠《せいひんてん》から返虞《へんぐ》までの主要な儀礼は、すべて国葬に取入れることとなった。国葬は御儀式を厳《おごそ》かに執〔り〕行うのが主であって、儀仗兵輓馬等は朝鮮式の葬儀にはないけれども、〔李王が〕元帥に対する礼遇を賜ったのであるから、それは差支ない個所に挟まることになった。

このように、李王が軍人の最高位である元帥に就任したことを論拠として、朝鮮固有の式に軍隊の要素である儀仗隊や輓馬を組み込んだのである。

しかしながら、李王は生前に元帥になっていない。実は朝鮮総督府はこうした措置を見越していたかのように、薨去直後に李王を元帥に就けたのである。李王は容態の急変から五時間後の四月二五日午前六時一五分に絶命した。ところが、朝鮮総督府はその事実をすぐには政府に報告せず、李王の最期を飾るという理由をつけて林仙之《はやしなりゆき》朝鮮軍参謀長を通じて陸軍に元帥位を要求したのである。

これに対して、陸軍は当初難色を示した。元帥府条例に「陸海軍大将ノ中ニ於テ老功卓抜なる者」に元帥の称号を賜うという規定があったからだ。李王は韓国併合から四ヵ月後の一九一〇年一二月二六日に陸軍大将の礼遇を受けてはいた。だが、実質的な軍務に就いたわけではなく、武官の制服を着用して名誉や威厳を示す程度だったのである。元帥府条例の条件を満たしていると見なすには無理があった。

とはいうものの、陸軍は朝鮮統治と深くかかわる李王の処遇を軽々に下すべきではないこともまた十分理解していた。それゆえ、津野一輔《つのかずすけ》陸軍次官は森岡守成《もりおかもりしげ》朝鮮軍司令官に「統治の必要より元帥の優遇を賜わりたき意向ならば、特に総督より其向に御申出にならば研究せらるべし」(「李王殿下薨去ニ際シ元帥ノ礼遇ニ関スル件」)と伝えている。これにより、斎藤総督の依頼文が四月二六日午前一一時二三分に陸軍大臣に送られた。若槻首相に薨去の事実を報告する一二時間前のことである。かくして李王は元帥となり、その肩書を根拠として国葬行列に儀仗隊と輓馬が配置されることになった。

「皇帝」の表記をめぐって紛糾

李太王の国葬では、碑石に書く「高宗太皇帝」の文言をめぐって宮内省と李王家が対立したが、李王の国葬でも同じような問題で議論が紛糾している。

朝鮮式の葬儀行列では、故人の生前の官職を記した銘旌《めいせい》という弔旗《ちょうき》を掲げる慣習があり、表記すべき文言が国葬委員会で協議された。委員会を構成したのは、主に内閣、宮内省、李王職、朝鮮総督府、陸海軍の官僚である。朝鮮の古礼に対処するため、少数ながら朴泳孝《パクヨンヒョ》や尹徳栄《ユンドキョン》といった朝鮮貴族も加わった。

銘旌の書き方について、まず三矢宮松《みつやみやまつ》朝鮮総督府警務局長が「故大勲位李王之柩」もしくは「故大勲位李王之梓宮《しきゅう》」を提起し、日本の「李王」として葬送する考えを示した。しかし篠田治策李王職次官は、朝鮮の古礼に則って国葬を行う方針なのだから、銘旌の書き方も慎重に協議するべきだと反論し、「故大勲位李王之柩」の下に「純宗大王」を付け加えてはどうかと提案した。

篠田の意見は、この日の午前中に李王職内で集約した意見であった。第一案「純宗皇帝」、第二案「純宗大王」、第三案「故大勲位李王之柩」、第四案「故大勲位李王之梓宮」のなかから、篠田らの多数意見によって「純宗大王」が李王職案として確定していたのである。しかし、このとき閔泳綺《ミンヨンギ》李王職長官の本心は第一案であった。それゆえ、国葬委員会で篠田が朝鮮の古礼を重んずるべきとの意見を開陳すると、閔泳綺はそれに便乗して「純宗皇帝」案を主張した。すると尹徳栄も閔泳綺の意見に賛同し、李王に「皇帝」の尊号を遺《のこ》すよう訴えた。

これに対して委員長を務める湯浅政務総監は、「日本帝国の歴史に於ては未《いま》だ嘗《かつ》て天に二君あるということを認めた例がないのであります。〔中略〕大義名分を紊《みだ》さない範囲に於て決定致したい」(『故大勲位李王国葬書類』)と釘を刺した。そして、李王職の多数意見は「純宗大王」だったことだし、続けて協議しても際限がないので、この案に決定してはどうかと申し入れた。

しかし尹徳栄は、「大王」も「皇帝」と同じく一国の主権者を奉る尊号だから、「大義名分」に照らして「皇帝」が認められないならば、「大王」も同様にダメなはずだ。李王はかつて「皇帝」と称していたのだから、「大王」を認めるならば「皇帝」でも差し支えないではないかと食い下がり、李王職内だけではなく朝鮮人一般の意見を参考にして決定するべきだと述べた。

篠田李王職次官は尹徳栄の意見に対して、李王に「尊敬的の諡《おくりな》」を用いるのは当然だと歩み寄りの姿勢を示したが、「大義名分」から考えると、やはり「大王」が精一杯だとした。

また治安維持に従事する三矢警務局長は、「此の際を利用して不穏なことを企てようという者も若干ある」と述べ、「皇帝」号が独立運動に利用される危険性に言及している。湯浅政務総監は、三矢のような直接的な批判を避けたが、彼も内心では頭脳明晰《めいせき》な尹徳栄が奇略を用いて民衆を煽動しようとしているのではないかと警戒していた。

こうした考えは国葬委員に限ったことではなかった。たとえば今村鞆《いまむらともえ》李王職事務官は斎藤総督宛の意見書で、李王家に関係する者がその地位を利用して紛擾《ふんじょう》を引き起こす可能性があると忠告している。当局は銘旌という些細な問題であっても、王公族が反体制の象徴として利用されぬよう用心しなければならなかったのである。

湯浅政務総監は銘旌に「純宗大王」や「李王」と書いて尹徳栄らの反感を買うわけにはいかず、だからといって「純宗皇帝」は帝国の「大義名分」から認められなかった。そこで「皇帝」と記す場合は、民衆の目に触れないよう輿《こし》に入れて運ぶという条件を課し、国葬行列には皇族の葬儀に準じて黄色と白色の錦《にしき》の旗を立てるとした。これによって、「皇帝」号の記載を認めつつ、民衆の煽動を防いだのである。ただし、銘旌を隠してしまうので、朝鮮の古礼に則るという李王国葬の根本理念は破綻せざるをえなかった。

日本は韓国併合時に西欧近代のルールを重視し、冊封体制下の礼観念にはこだわりをみせなかった。王冊立の儀式で天皇（勅使）と李王が君臣の関係を表す南面・北面ではなく、西面・東面に対座したのはそれをよく表している。そのように、たとえ植民地化するにしても、李王を「臣下」として扱わないことで大韓帝国側を懐柔してきた。しかし、日本が帝国である以上、天皇と李王の間には越えられない壁があり、李王が皇帝を名乗ることまでは当然ながら認められなかったのである。

沿道を埋める拝観者

「発靷《はついん》の儀」と「奉訣《ほうけつ》式の儀」が近づくと、地方から多数の民衆が京城に集まりはじめた。六月七日の予行演習でさえ、見物客は一三万人に達している。

一九二六年六月一〇日午前八時、国葬行列は霊柩を載せた大輿を守るようにして昌徳宮を出発し、「奉訣式の儀」が行われる訓練院へと向かった。行列の各所には朱雀《すざく》旗、玄武《げんぶ》旗、白虎《びゃっこ》旗、青龍《せいりゅう》旗などの色彩豊かな旗が翻り、三尺もある仮面を付けて異様な車に乗った悪霊払いの方相氏や、李王の愛馬を模して作られた張子の馬が丹塗《にぬ》りの車で牽《ひ》かれて行った。基本的にはこのように絢爛豪華《けんらんごうか》で日本式とは対照的な朝鮮式の行列であったが、その前後には儀仗隊が配され、日本の国葬の厳粛さを醸し出した。そして朝鮮式行列に儀仗隊が存在できることを証明するかのように、大輿の前には東京から運ばれた元帥刀と元帥徽章《きしょう》が配置された。

沿道では二万四〇〇〇人の学生、生徒、児童が隙間《すきま》なく整列したため、拝観者たちは民家の軒先でひしめきあった。この過密状態のなかで事件が起きる。国葬行列の最後尾に位置する海軍儀仗隊が鍾路の映画館団成社《だんせいしゃ》の前を通り過ぎたときに、一部の過激派が沿道に出て檄《げき》文《ぶん》を頒布し、「大韓独立万歳」を高唱したのである（六・一〇運動）。驚いた民衆は雪崩を打って倒れ込み、あたり一帯は悲鳴に包まれた。

警察当局の対応はすばやく、この日の午前中には延禧《ヨニ》専門学校（現延世大学）や普成《ポソン》専門学校（現高麗大学）の学生ら約一五〇名を捕縛した。彼らエリート知識人たちは三・一独立運動の再来を狙ったのであろうが、一般民衆が呼応することはなかった。その理由は、独立運動を計画していた天道教徒や朝鮮共産党員を警察が未然に検挙し、不穏文書五万枚を押収していたため、運動が連鎖的に拡大しなかった点があげられよう。また、併合から一六年が経ち、独立運動家と一般民衆の間で意識のズレも生じていた。共産党員から押収した中央幹部宛の通信には、この機会を利用して一般民衆に「革命的試練」を与え、「革命的組織を鞏《きょう》固《こ》ならしむ」（「朝鮮共産党事件ニ関スル調査書送付ノ件」）といった趣旨の文章が書かれていたという。すなわち、独立運動を推進する側でさえ、民衆が「試練」を甘受しないかぎり、動員するのは困難であることを理解していたのである。

葬儀行列で一騒動あったが、「奉訣式の儀」は何事もなく執り行われた。「奉訣式の儀」が終わると再び行列を編成し、李王の霊柩を金谷里の墓所へと運んだ。このとき朝鮮の古礼とは異質な儀仗隊が朝鮮人の目を気にするかのように縮小され、朝鮮歩兵隊などの一部だけとなっている。東大門から清涼里までの一里の間、道路脇の畑や小山は白衣の群衆で埋まった。

3　李太王と李王の実録編修――帝国の正統性のために

朝鮮王朝の貴重図書を継承

東アジアでは、皇帝（王）の没後に君主の言行を中心とした一代記を「実録」の名で編修する伝統がある。特に朝鮮王朝はこの伝統を脈々と継承し、王朝の創始者李成桂《イソンゲ》の治世は『太祖実録』、ハングルを制定したことで有名な第四代国王の治世は『世宗実録』といったように、歴代王の廟号を付した実録を数多く遺してきた。これらは総じて『朝鮮王朝実録』と呼ばれ、一九九七（平成九）年にユネスコの記憶遺産に登録されている。

李太王（高宗）、李王（純宗）は元来朝鮮王朝の王であり、大韓帝国の皇帝であったが、韓国併合により日本の王公族として薨去した。したがって、朝鮮王朝による実録の編修は高宗の先代、すなわち第二五代の『哲宗実録』で終わる。

しかし、朝鮮総督府は併合と同時に朝鮮王朝の史書や史料群を処分したわけではない。大韓帝国政府、宮内府、奎章閣《けいしょうかく》などで所蔵していた図書や記録文書を引き継いで整理した。しかも、高宗皇帝在位中の『日省録《にっせいろく》』が一部（一九〇一～〇六年）途絶えていたので、一九一一年三月に編輯委員四名を置き、同年八月までに補修を済ませている。『日省録』とは、テレビドラマ「イ・サン」で知られる第二二代国王の正祖がはじめた公的日記で、王立図書館であった奎章閣の閣員が代筆し、国王自ら加筆削正したものである。

朝鮮総督府はこのほかにも一万九二八〇冊の書籍を購入するとともに、王室の系図や国王直筆の文書・詩歌などを保管するために、新たに奉謨堂と譜閣を建立した。

日本の実録編修――明治維新後の進展

二〇一四（平成二六）年九月、昭和天皇の生涯を記録した『昭和天皇実録』全六一冊が一般公開され、大きなニュースとなった。しかし、日本は『朝鮮王朝実録』のように歴代天皇の事績を継続的に記録してきたわけではない。古代の正史『六国史《りっこくし》』のうち、四番目に編まれた『続日本後紀《しょくにほんこうき》』は第五四代仁明《にんみょう》天皇の一代記事を収めており、続く『日本文徳《もんとく》天皇実録』『日本三代実録』では書名に「実録」を採用している。日本でかろうじて実録と呼べるものはこの三冊くらいしかなかったのだ。

そこで、明治の王政復古によって新政府が樹立されると、まず宮内省内に設けられた臨時組織が先帝の事績を『孝明天皇紀』としてまとめ、一九〇五（明治三八）年三月に明治天皇に奉呈した。この成果を経て宮内省では歴代の天皇や皇族の実録をまとめる計画が持ちあがる。〇七年一〇月には宮内省図書寮の職掌《しょくしょう》に「天皇及皇族実録の編修に関する事項」が加えられ、明治維新後に薨去した皇族の実録編修作業を一五（大正四）年三月から開始した。

当初六七名の皇族を対象としたが、四年後に完成したのは伏見宮邦家《くにいえ》、有栖川宮幟仁《たかひと》、有栖川宮威仁の三親王の実録だけで、残りは翌二〇年三月から五月にかけてはじまる『四親王家実録』や『天皇皇族実録』の編修作業に引き継がれることになる。

『天皇皇族実録』は神武天皇から孝明天皇に至る歴代天皇および北朝五代の天皇と、その后妃・皇親総計三〇五〇名の行実をまとめたものである。また『四親王家実録』はその一環として、世襲親王家である伏見宮、桂宮、有栖川宮、閑院宮に限り、江戸時代までの事績を収録したものである。ともに天皇家の系譜を明確化し、帝国の正統性を確立するための史書といえよう。

こうした明治末年から大正にかけて本格化する宮内省の実録編修作業は、時同じくして日本に誕生した王公族と無関係ではなかった。一九一二年に李熹公、一七年に李埈公、そして一九年に李太王が薨去すると、「皇族の礼」を受ける彼らを「実録して之を不朽《ふきゅう》に伝うる」(『実録編修録』)ことになる。王公族は帝国の正統性と不可分だったのである。

浅見倫太郎による関連史料の蒐集

当時、宮内省図書寮の長官図書頭《ずしょのかみ》を務めていたのは森林太郎(鷗外)であった。彼は浅《あさ》見倫太郎《みりんたろう》を図書寮嘱託員として取り立て、一九一九(大正八)年六月二日に『王公族実録』の編修を命じた(二一年一〇月からは奏任待遇の御用掛となる)。浅見は東京地方裁判所検事、統監府判事、朝鮮総督府判事などを歴任した法律の専門家であると同時に、書誌や古事に明るい漢籍の蒐集《しゅうしゅう》家でもあった。

彼は実録編修の報告書のなかで、公文書・私文書にかかわらず広く史料を集め、「不偏不《ふ》倚《き》」の精神で作業にあたらなければならないとの考えを示している。また、古来より歴史を編修する者は論評を加えようとするが、それは誤った態度であり、『王公族実録』では賛辞や蔑《さげす》みのような個人の考えを排除しているとも述べている。つまり、史官が尊ぶべきは毀誉《きよ》褒貶《ほうへん》を論ずることではなく、史料を蒐集選定し記録することだというのだ。浅見が極力主観を排除しようとしていたことがうかがえる。

しかし、そのように史料に執着しようにも、当時はまだ王公族の日常を記録する制度が整っていなかった。そこで浅見は、大韓帝国時代の史料に多くを頼ることになる。李太王に関しては、日常の記録として『日省録』『賛侍《さんじ》日誌』『徳寿宮警察日誌』などがあった。だが、李熹公や李埈公はたとえ李太王の親族であっても併合前は君臣の関係にあったので、同じ記録物でも彼らに言及した部分は決して多くなかった。浅見はそうした史料上の制約を勘案し、三つの実録を同時進行で編修するという当初の計画を一九二〇年四月の時点で破棄し、個別に執筆することにしている。

『李熹公実録』『李埈公実録』に関しては特に困難がともなった。史料を宮内省宗秩寮が所管する『王公族録』内の系譜、牒籍《ちょうせき》、履歴書に求めたのだが、これらは原本ではなく、旧大韓帝国政府の作成した文書を謄写したもので、誤記が少なくなかったからである。そのほかに手元にあるのは『警衛日記』という警備に関連した記録くらいであった。

しかし、浅見は朝鮮総督府に長年勤務した経験から、李熹公自筆の日記が朝鮮にあることを聞き知っていた。それゆえ、一九一九年六月一〇日に李王職に連絡し、一切の関係記録と日記を送付するよう依頼している。

これにより、一一月三日になって李熹公の来歴を記した書類が浅見のもとへ届いた。ただし、それは執筆者の名を欠き、年月日の錯誤があるだけでなく、虚辞が目立つ代物であった。だが、浅見はこの書類を作成するために参考にした史料があるはずだと直感し、李王職にあらためて照会したところ、李熹公の日記である『李熹公従宦録《じゅうかん》』や数十通の辞令書および勲記の存在が明らかとなる。浅見は李熹公家第三代当主の李鍝公からこの史料を借り受けて筆写に着手した。

しかし、それでも『王公族実録』の史料は十分ではなかった。朝鮮王朝の国家行事や王室の冠婚葬祭を記録した『朝鮮王朝儀軌』という図書があるにもかかわらず、それを入手できていなかったからである。

『朝鮮王朝儀軌』とは何か

朝鮮王朝では、国家行事や王室の祭礼、葬儀、婚礼などに関して、儀式の仕方や道具の種類、収支決算などをイベントがあるたびに『〇〇儀軌』という名で編纂してきた。葬儀に関しては『国葬都監儀軌』、結婚に関しては『嘉礼都監儀軌』といった具合である。その部数は数千に及ぶ膨大なもので、現代では総称して『朝鮮王朝儀軌』と呼ばれている。歴代の実録が『朝鮮王朝実録』という名で一括してユネスコの記憶遺産に登録されたのを先例としたのであろう。実際『朝鮮王朝儀軌』も二〇〇七年に記憶遺産となっている（以下、『儀軌』と略記）。

『儀軌』は国王に献上する豪華な御覧本のほかに、複数部の副本が作られた。朝鮮半島は常に外敵の侵略や自然災害に苦しめられたため、『朝鮮王朝実録』や『儀軌』などの重要図書を各地に設けた「史庫」に分散保存して散逸を防ごうと工夫したのである。

高麗時代の一二二七年に王宮内の史館と慶尚北道の海印寺に『明宗実録』を分置したのがその起源だといわれる。朝鮮王朝初期には王宮以外に地方の忠州、星州、全州に史庫を設けて図書を保管したが、豊臣秀吉の侵略によって三史庫のうち全州以外は焼失した。その後、江華島の摩尼山《まにさん》（のち鼎足山《ていそくさん》）、江原道の五台山、慶尚北道の太白山、平安北道の妙香山《みょうこうさん》（のち全羅北道の赤裳山《せきしょうさん》）に史庫を設け、『朝鮮王朝実録』や『儀軌』といった重要図書を個別に保管してきたのである。

このうち、江華島には王立図書館の別館「外奎章閣」があり、特に精巧に作られた国王御覧用の『儀軌』が収蔵されていた。しかし、一九世紀になってそれらはフランスに強奪される。当時高宗が第二六代国王として即位していたが、実権を握っていたのは父の李昰応であった。李是応は鎖国政策を推進してキリスト教徒を弾圧し、一八六六年には九名のフランス人宣教師と数千名の信者を虐殺する事件を起こしている（丙寅教獄《へいいんきょうごく》）。フランス艦隊を率いるローズ提督はこれに抗議して江華島を占領し、『儀軌』二九七冊を持ち出したのである。

これらは長らくパリ国立図書館で保管されていたが、一九九三年にまず一冊だけ韓国に返還された。日本とフランスが韓国の高速鉄道敷設をめぐって競合していた時期であり、最終的にフランス式が採用されたため、鉄道の売り込みに使われたともっぱら噂されている。さらに二一世紀に入ると、文化財の返還要求が世界的に盛り上がりをみせ、二〇一一年に「永久貸与」という名目で残り二九六冊が韓国に戻った。

話を戻そう。朝鮮王朝時代に各地に分置されていた『朝鮮王朝実録』や『儀軌』をはじめとする貴重な記録物は、韓国併合の前後に日本人の手によって京城に集められた。まずは、東京帝国大学工学部で建築史を担当した関野貞《せきのただし》の古建築調査をはじめ、人類学者、考古学者、歴史学者たちが進めた「古蹟調査事業」に付随するルートである。集められた資料は基本的に朝鮮総督府学務局が保管・整理し、古文書群は京城帝国大学の附属図書館に移管された。

また、大韓帝国時代に伊藤博文統監の委託で民法学者の梅謙次郎《うめけんじろう》とその弟子たちが進めた「不動産法調査」の過程でも資料となる図書類が集められている。これらは韓国併合後に朝鮮総督府参事官室で整理されたのちに学務局を経て京城帝国大学の附属図書館に移された。

最後は、大韓帝国時代に進めた宮中改革に由来するルートである。このとき各種の記録類が「帝室図書」として宮内府の帝室財産整理局に集められて整理された。これらは韓国併合後に李王職が継承して保管している。

なお、京城帝国大学の資産は戦後接収され、ソウル大学が引き継いだ。それゆえ、同大学の奎章閣韓国学研究院はもっとも多い五四六種二九四〇部の『儀軌』を所蔵している。また、李王職図書館たる蔵書閣は韓国精神文化研究院（現韓国学中央研究院）が継承したので、同研究院もソウル大学に次ぐ二八七種四九〇部の『儀軌』を所蔵している（「『朝鮮王朝儀軌』とは果たして何か？」）。

朝鮮総督府に無償譲渡を依頼

浅見は『王公族実録』の編修において『儀軌』は必要不可欠と考えた。それゆえ、宮内省は一九二〇年に森林太郎図書頭の名義で、朝鮮総督府参事官室に「朝鮮図書無償譲与依頼」を出している。これに対して参事官室の有賀啓太郎《ありがけいたろう》は回答文を次のように起案した（同前）。

　　案　　　　　　　　　　　　　　　朝鮮総督府参事官

別紙図書頭より李太王及李王時代の儀軌類無償譲与方依頼有之候《これありそうろう》に付、四部以上現存し事務上差支《さしつかえ》なきもの各一部、左案を以て寄贈相成可然哉仰《しかるべきやこうさいをあおぐ》高裁。

宮内省図書頭宛

本年九月十八日附図普第一九二号を以て李太王及李王時代に於ける儀軌類無償譲与方御依頼の趣了承。即ち別紙目録の通、別途鉄道便を以て送附候《そうろう》条《じょう》御査収相成度《あいなりたし》。此段及回答候也。

（「有賀啓太郎資料」一四）

すなわち、部数の少ない貴重な『儀軌』は不可だが、四部以上あるものならば一部を無償譲与しても構わないという内容であった。文書には赤ペンで「廃棄」の書入れがあり、この計画が実施されたかはわからない。しかし、『王公族実録』の引用書目には数多くの『儀軌』が掲載されているので、宮内省に移管されたのは間違いない。

こうして海を渡った『儀軌』類は、その後も朝鮮に返却されなかった。その理由は宮内次官が朝鮮総督府政務総監に宛てた「儀軌類図書譲渡の件」という書類に書かれている（傍線筆者）。

先年来王公族実録編修資料として貴府〔朝鮮総督府〕御所蔵の図書借用の上鈔写致《しょうしゃいたし》来候処《きたりそうろうところ》、別紙儀軌類の書に限り到底鈔写方困難に有之候《これありそうろう》に就《つい》ては、貴府に於《お》て御差支無之候《さしつかえこれなきそうらわ》ば無償譲渡相成度《あいなりたし》。然《しか》る上は帝室図書として永久保存可致《いたすべく》此段《このだん》及照会候也。

『儀軌』はたとえ李太王、李熹公、李埈公に関連する部分に限ったとしても、膨大な量にのぼり、しかも細密な絵が数多く含まれていたため、筆写するのは困難であった。そこで宮内省は、必要な『儀軌』を別紙にまとめ、朝鮮総督府に無償譲与を依頼したのである。

こうして蒐集した史料によって、浅見は一九二三（大正一二）年一月に漢字カタカナ交じり文で書かれた『李太王実録』三〇冊（うち『資料』二六冊）、『李熹公実録』九冊（同六冊）、『李埈公実録』七冊（同五冊）を完成させた。ただし、赤字の入った稿本であり、印刷はされていない。

なぜ『李王実録』が編修されなかったのか

任務を完遂した浅見は、同年一二月一八日に御用掛の任を免ぜられた。ただし、王族一名と公族二名の実録はあくまで『王公族実録』の一部であり、『天皇皇族実録』と同じく代がかわるごとに編修していく計画だったはずである。実際、三年後に李王が薨去すると、図書寮は『李王実録』の編修を目的として、前間恭作《まえまきょうさく》と朴昌和《パクチャンファ》を任用すべく手続きを進めていた。

しかし、理由は判然としないが、この人事は立ち消えとなる。実は、『王公族実録』の翌年に編修を開始した『天皇皇族実録』や『四親王家実録』も再三にわたって計画が頓挫《とんざ》していた。一九二五年に執筆体裁の大転換があったからである。

当初採用していた紀事本末体は、事件や事象ごとに項目を立ててまとめるため、主要な出来事を読解しやすいが、一方で記事の相関関係が複雑多岐にわたり、編修に際して手間と時間がかかった。そこで、記事を時系列に羅列するだけの編年体に改めている。これに加えて宮内省の定員削減が追い打ちをかけ、計画は停滞を余儀なくされた。結局、『天皇皇族実録』の本文二八五冊を脱稿したのは一九三六年一二月であった。図書寮は『天皇皇族実録』の完成を待って、一九三七年一月より『明治以後皇族実録』の編修を開始したが、戦災で原稿や史料の大半が焼失したため休止し、昭和も終わりに近づいた一九八四年に再開して、平成の世となった一九九三年になってようやく二五名の編修を終えている。

『四親王家実録』に至っては未定稿のまま一九二四年九月にいったん作業を終了した。『天皇皇族実録』の完成を受けて一九四四年八月より編年体に改める作業を開始するが、戦後の省内の混乱ですぐに中断している。一九六五年四月に書陵部編修課で事業が再開され、八四年三月にようやく一段落した。正本二九五冊は稿本で印刷はされていない。『王公族実録』も紀事本末体を採用しており、同様の理由で中断した可能性が高い。

『朝鮮王朝実録』を継承して編修

日本が編修した王公族に関連する実録は『王公族実録』だけではない。朝鮮王朝の伝統を引き継いで、李太王・李王ではなく、高宗・純宗としての実録を作成したのである。つまりそれは、『朝鮮王朝実録』の最後を締めくくるための作業であった。

李王職は、一九一九年一月に李太王、二六年四月に李王が薨去すると、朝鮮王朝の伝統にもとづいて二人に高宗と純宗の廟号を付与した。さらに、君主の死後に実録を編修するという旧例に則り、早くも一九一九年三月には「実録編纂成案」を作っている。そして、二七年四月一日から、韓国併合後に朝鮮総督府が引き継いだ膨大な文書を活用して、高宗と純宗の実録編修に取りかかった。

先述したとおり、朝鮮王朝時代の文書は朝鮮総督府から京城帝国大学の附属図書館に移管されていた。そこで李王職は大学図書館から必要な史料を借り入れて謄写に着手し、一九三〇年までに『承政院日記』五三五冊をはじめとして、総計二四五五冊の書籍を写し取った。『承政院日記』とは朝鮮王朝の機密を扱った国王の秘書室承政院の日記で、『日省録』とともに実録編修の一次史料として利用される記録物である。こうした作業のために、李王家歳費のなかから毎年約五万円余りが支出された。

李王職は原稿二四万五三五六枚に及ぶ謄写を終えると、一九三〇年四月に編纂職員を任命して昌徳宮構内に編纂室を設置した。編纂委員長には李王職次官の篠田治策が就任している。その二年後には、李王職長官に昇進した篠田に代わって李恒九《イハング》（李完用の次男）が李王職次官となり、新設の編纂副委員長を兼任した。編纂委員会は主に旧大韓帝国宮内府、李王職、朝鮮総督府の関係者で構成され、京城帝国大学教授を歴任した歴史学者の小田省吾も加わっている。

実録の編修では史料として主に『承政院日記』や『日省録』を使い、宮内省図書寮が編修した『王公族実録』も参照された。第八回実録編纂委員会において篠田委員長は、「〔承〕政院日記とか日省録等に記載無きものでも事実のあることは史料の採集に注意し、史料蒐集部に依頼して他の方面より広く之を集めた上で決定するように致しましょう」（「第八回実録編纂委員会々録」）と述べており、いかに広範な史料に依拠していたかがわかる。伊藤が安重根の凶弾に倒れたときに高宗太皇帝と純宗皇帝が明治天皇に送った哀悼文も掲載された。

現在韓国では、これら李王職が編修した実録は日本人の見解に沿った記述が多いとの批判があり、ユネスコの登録からも外れている。たしかに、哀悼文のなかで高宗太皇帝と純宗皇帝は安重根を「凶徒」と表現しており、韓国にとっては不都合であろう。しかし、哀悼文の原本は現在も宮内庁に所蔵されており、実録の記述はあくまで史料にもとづいたものであった。

一九七一年に韓国でこの実録の普及版を刊行する際に解題の執筆を担当した国史編纂委員会の崔永禧《チェヨンヒ》も、「原史料を顕著に歪曲《わいきょく》記述した点を見出すのは困難で、少なくとも日省録や承政院日記にある重要な記事が抜け落ちているようには思われない」（『高宗純宗実録』）と述べている。植民地を統治する側が編修した実録とはいえ、歴史書としての価値は決して低くないといえよう。

高宗と純宗の実録は一九三五年三月三一日に完成し、『高宗太皇帝実録』と『純宗皇帝実録』という名称で上梓された。歴代の『朝鮮王朝実録』と同じく漢文の編年体で記述し、編修の体裁はもっとも新しい『哲宗実録』にならっている。甲午改革以後の詔勅や条約などを原文のまま引用しているため、ハングルも点在する。

『純宗皇帝実録』という名称に関しては編纂委員の間で議論となった。同実録は大韓帝国時代だけではなく、韓国併合後の記事も含んでいるので、李王（純宗）を「皇帝」と称するのはおかしい、併合以後に関しては別途『純宗王実録』を作って分けるべきとの意見が提起されたからである。煩雑になるのを避けるためか結局その案は採用されなかった。しかし、併合以後の記事は『純宗皇帝実録』のなかの「附録」という扱いとなる。

宮内省に移管した『朝鮮王朝儀軌』のその後

さて、先述した『王公族実録』の史料として京城から東京に移管された『儀軌』類は、「帝室図書」として宮内省で保管され、そのまま戦後を迎えて宮内庁に引き継がれた。そして、韓国併合から一〇〇年目の二〇一〇年になって、時の民主党政権が朝鮮半島に由来する特定の図書を韓国に「引き渡す」と宣言し、同年一一月の「図書に関する日本国政府と大韓民国政府との間の協定」（通称、日韓図書協定）にもとづいて、翌年に八一部一六七冊の『儀軌』類を韓国に戻した。

世界的な文化財返還運動のなかで、宮内庁の『儀軌』は一躍有名になった。しかし、移管経緯に関しては、「帝国主義」の名のもとで、御覧用の『儀軌』を奪取したフランスの行為と同一視されているといっても過言ではない。もちろん、実録編修のための史料として複数部ある保存状態の悪いものを持っていったからといって、返さなくてもよいという理由にはならない。相互主義が尊重されるかぎり、返還するのが正しいと思う。

ただし一つ気になるのは、民主党幹部や韓国のマスメディアがたびたび発した〝儀軌は韓国にあってこそ意味を持つ〟という意見である。韓国政府や国民が日本から文化財を取り戻すことだけで満足し、単に博物館に飾っておくだけならば、たいした〝意味〟は持たないだろう。

先述したとおり、『高宗太皇帝実録』『純宗皇帝実録』は日本が作ったという理由から正統な『朝鮮王朝実録』に含まれていない。それならば、日本が『儀軌』を史料として活用し、朝鮮王朝時代までさかのぼって李太王、李熹公、李埈公の実録を編修したように、韓国独自の力で『高宗太皇帝実録』『純宗皇帝実録』を編修してはどうかと思う。それでこそ『儀軌』が本来の意味を持つといえよう。

第4章　昭和時代の王公族——祖国は韓国か、日本か

1　「プリンス・リー」李垠の洋行

第二代李王の呼称問題

一九二六（大正一五）年四月に初代李王が薨去し、李垠《りぎん イウン》が王の尊称を継承した。同年一二月、裕仁親王も天皇として践祚《せんそ》し、元号は大正から昭和にかわる。新たな李王は大韓帝国皇帝の地位に就いたことはなく、しかも幼少期から東京で暮らしていた。もはや李王は朝鮮に鎮座する存在ではなくなったのである。

王の継承に際して問題となったのは、二代目をどのように呼称するかであった。初代のときは、「朝鮮王」を名乗れないように単なる「王」ではなく「李王」とし、さらに居所の名を冠して「昌徳宮李王」とした。宮内省の岩波武信事務官はこうした経緯を考慮し、「昌徳宮李王」は李坧《りせき イチョク》個人の呼称とみるのが妥当であり、李垠は「王」だけを継承するべきだと

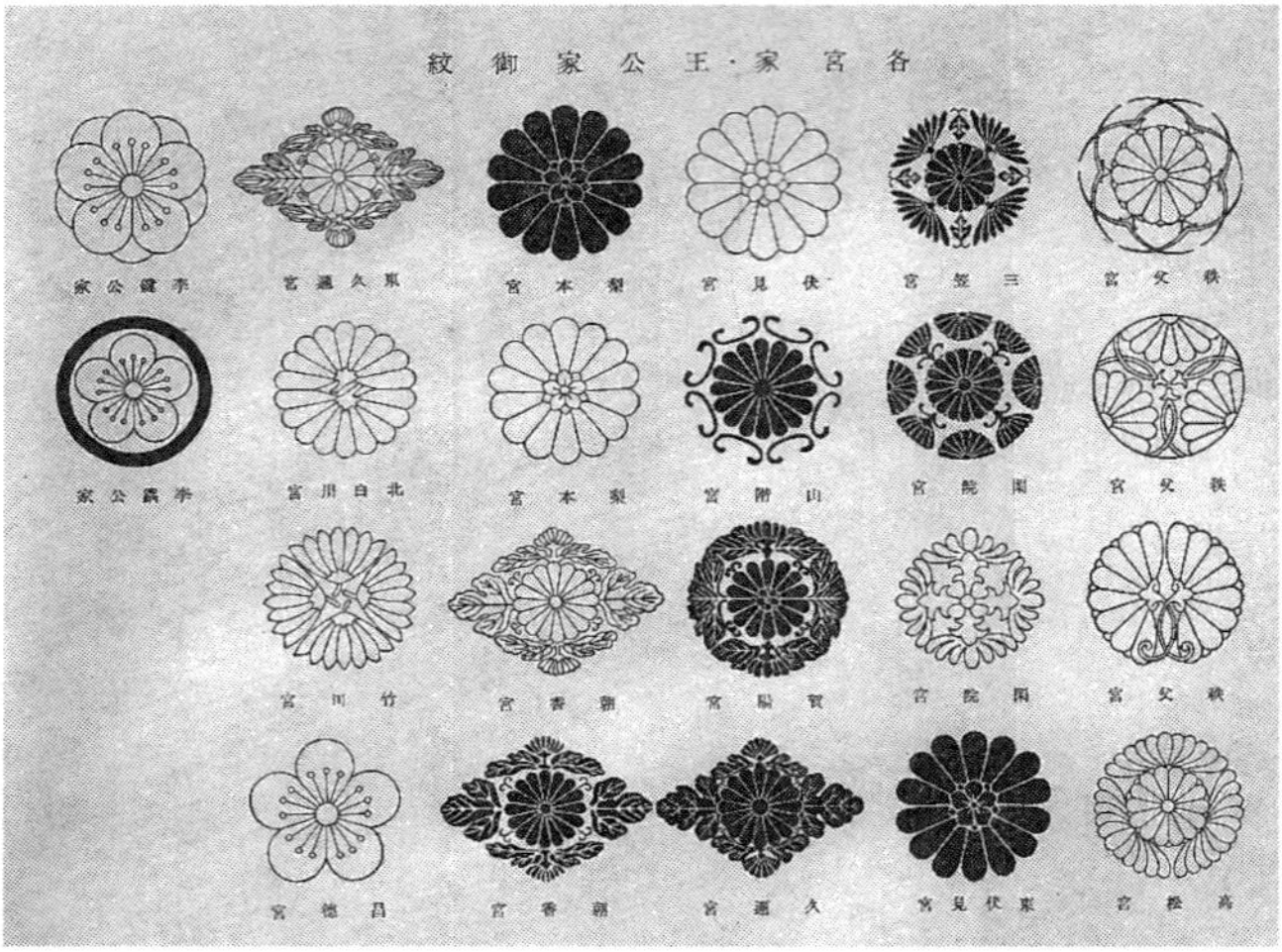

「**各宮家・王公家御紋**」 左下に昌徳宮，左上に李鍵公家，李鍝公家の御紋，『皇室事典』（1938年）より

主張した。また、公族は李堈《りこう》《イガン》公、李熹《りき》《イヒ》公のように尊称を最後に付けているので、王族の場合も「王」に名を冠して「李垠王殿下」と称するのがふさわしいとの私見を述べている。

しかし、宮内省の会議で岩波の意見は採用されず、二代目の呼称は「昌徳宮李王垠殿下」となった。理由は朝鮮側の希望が「王」ではなく「李王」の継承だろうと判断されたからである。韓国併合時に大韓帝国政府が「李王」に難色を示したにもかかわらず、宮内省がなぜこのように考えたのかはよくわからない。併合から一六年が経ち、「李王」のブランド性がある程度定着していたのかもしれないが、推測の域を出るものではない。

「昌徳宮」については、皇族の宮号（梨

本宮、伏見宮など）に似た意味合いを持たせるため、東京在住であっても代々継承させることにしたと考えられる。宮内省記者会所属の井原頼明《いはらいめい》が一九三八年に著した『皇室事典』では、冒頭の御紋一覧で李王家の表記が他の宮家と並んで昌徳宮となっており、あたかも皇族の一員のようにみえる。軍隊では李垠を他の皇族と同じく「宮様」と呼んでいた。

裕仁親王と同じく欧州外遊

一九二七（昭和二）年五月二三日から二八年四月一〇日までの約一年間、李垠夫妻はヨーロッパ外遊に出かけた。これは前年に計画されていた行事であり、二六年三月にはすでに一木喜徳郎宮内大臣が裁可を仰いで勅許を得ている。目前に迫った渡欧に向けて夫妻は準備を進め、月に二～三回ずつ講師を邸に招聘《しょうへい》して世界各国の社会、歴史、経済などを学んだりしていた。しかし、初代李王の薨去や大正天皇の崩御でたびたび延期となり、年が明けてからようやく出発となる。

李垠夫妻が渡欧する六年前の一九二一年三月、昭和天皇として即位する前の裕仁親王も同じようにヨーロッパを外遊していた。訪問先は、第一次世界大戦でドイツと激闘を繰り広げたイギリスやフランスのほか、ベルギー、オランダ、イタリアであった。裕仁親王はイギリスのバッキンガム宮殿で国王ジョージ五世と対面し、フランスではヴェルダン、ソンムといったドイツ軍との激戦地をめぐった。ヴェルサイユ条約締結の二周年記念日にあたる六月二

外遊中の李垠一行　前列左より三浦清子御用掛，李夫妻，篠田治策李王職次官．後列左より高階虎治郎典医，佐藤正三郎中佐，金応善大佐，足立大一嘱託，鏑木百侍女

八日には、ソルボンヌ大学を訪問して大戦戦死者の記念碑に献花している。

　李垠の洋行は行程が裕仁親王のときと非常によく似ていた。一九二七年五月二三日に横浜に移動し、日本郵船株式会社の箱根丸に乗船して出発している。随員は篠田治策李王職次官、金応《キムウン》善《ソン》御用掛、三浦清子《みうらきよこ》御用掛、高階虎治郎《たかしなとらじろう》典医、足立大一《あだちだいいち》嘱託、鏑木百《かぶらぎひゃく》侍女、佐藤正三郎《さとうしょうさぶろう》御附武官の七名であった。

　横浜を出港した一行は、上海、香港、シンガポール、マラッカ、ペナン、コロンボ、アデン、スエズ、ポートサイド、ナポリに寄港して、七月四日午前六時にマルセイユに到着した。李垠は石井菊次郎《いしいきくじろう》駐仏大使の代理として出迎えた森山大使館理事官らに謁を賜わり、午前九時に上陸してオテル・ドゥ・ノアイユに向かっている。小憩したのち、ノートルダム・ドラガルド教会を見学し、海岸のラ・レゼーブで開かれた午餐会に参加、食後はデュマの小説『モンテ・クリスト伯』で有名なシャトー・ディフ牢獄《ろうごく》の撮影に興じた。

七月五日にはパリに到着し、一二日午後四時にガストン・ドゥメルグ大統領を訪問している。大統領は独身のため、ヨーロッパの慣習で李王妃方子は同伴していない。会見の最後で大統領は李垠に、「日本皇室に最も近き間柄の貴賓を迎えたるは、最も欣幸《きんこう》とするところなり。殿下の御健康を祈ると同時に、日本皇室の御繁栄を衷心《ちゅうしん》より希望する」（『欧洲御巡遊随行日記』）という趣旨の言葉を告げたという。一行は七月二四日にソンム河畔、ヒンデンブルク陣地線、二六日にコンピエーニュ、シャンパーニュ、アルゴンヌ、ヴェルダン要塞《ようさい》など、第一次世界大戦の戦跡をめぐった。

八月六日にはロンドンへ渡り、九日に松井慶四郎《まついけいしろう》駐英大使同伴でバッキンガム宮殿を訪問した。ここで、裕仁親王と同じくジョージ五世とメアリー王妃に対面している。特に通訳は介さず、李垠は英語、方子はフランス語で会話した。一六日にはラッセル歩兵少佐の案内で近衛連隊を見学し、いったん大使館に戻ったのち、藤村外交官補の案内で無名戦士の墓を訪れて献花した。

ドイツを経て北欧へ

一〇月二五日にはオランダに入国し、翌日はハーグ平和会議の舞台や国際仲裁裁判所を巡覧した。李垠と裕仁親王の行程の違いは、時を経たせいか、ドイツやオーストリアなどの第一次世界大戦の敗戦国も訪れていることである。一〇月三一日にハーグ駅から寝台列車に乗り、翌日午前七時五〇分にベルリンに到着した。ドイツではシャルロッテンブルク宮殿や各地の戦跡をめぐっている。愛児との死別や流産を経験した方子は、一一月七日に別行動でベルリン医科大学を訪問し、産婦人科長の案内で病室や産室などを見学した。

一一月九日からはデンマーク、ノルウェー、スウェーデンの順で北欧を訪問した。北欧は長年ロシアと敵対しており、日露戦争に勝利した日本に好感を持つ国が少なくなかった。特にスウェーデンはその傾向が強く、一部の親日家は「〔李垠〕殿下の沈着にして温厚なる御態度と、〔方子〕妃殿下の御気品高き御容姿」を目にして、「我等が日常尊敬する日本人の典型なり」（同前）と評したという。

その後夫妻は、チェコスロヴァキア、イタリア、ヴァチカンなどをめぐり、ムッソリーニやローマ教皇とも会見した。非公式の訪問にもかかわらず、どの国に行っても公式と違わぬ丁重な出迎えがあり、午餐会や晩餐会などの饗応《きょうおう》も受けている。

李垠はこの外遊中にイギリス、ベルギー、フランス、イタリア、オーストリア、スウェーデン、デンマーク、ノルウェーなど各国で勲章を授与された。外国勲章に造詣《ぞうけい》が深く、イタリア勲章の美しさに入れ込んでいた李垠にとっては特別楽しい旅行になったことであろう。

大日本帝国の「プリンス」として

一九二八年三月三日、一行はマルセイユから筥崎丸《はこざきまる》に乗船して帰路についた。途中で多くの港に立ち寄ったが、往路と同じく上海では上陸せず、停泊中の軍艦利根《とね》に移乗して一泊している。ここは三・一独立運動の主導者たちが大韓民国臨時政府を設立した地であり、独立運動家による李垠拉致計画の噂があったからである。艦内泊は現地朝鮮人の動向を気にした李垠夫妻の希望によるものであった（「李王同妃両殿下欧洲御視察ノ件」）。

筥崎丸は四月九日午前八時に、李堈公、李鍝《りぐ イウ》公、李徳恵《りとくけい イドッケ》、朝鮮貴族、兵庫県知事、神戸市長、朝鮮軍司令官らが出迎える神戸に入港した。李垠は午前一一時三〇分に来船した梨本宮・同妃や招待の諸員と午餐をとり、午後八時一〇分の寝台列車で東京に向かった。翌日午前九時一〇分、東京駅で閑院宮、東伏見宮妃、伏見宮・同妃、朝香宮妃、東久邇宮・同妃のほか、関係各国の大使公使、国務大臣、文武官数百名の出迎えを受け、一年にわたる外遊を終えた。

この旅行中、李垠夫妻は「伯爵李垠」「伯爵夫人李方子」という仮名を用いた。一九二〇年に東久邇宮稔彦親王がフランスに留学したときも、「微行《びこう》」（身分の高い人がひそかに出歩く）という理由から「東伯爵」を名乗っており、この前例にならったのだ。宮内省がパスポート発行のために外務省に提出した書類でも、李垠と方子の肩書はCount《伯爵》、Countess《伯爵夫人》になっている。

しかし、旅先で各国の王や大統領などに送った礼電では、「PRINCE and PRINCESS RI」を名乗っていたし、返電の宛先も同じであった。電報を送る前に御附の篠田治策李王職次官が案文を目にしないわけはないので、肩書の表記は神経を尖らせて注意するほどのことでもなかったのであろう。実際、篠田ら随員のパスポートに記載された「李王職」の英訳は、「Household of H.H. Prince Ri」であった。大日本帝国のプリンス裕仁がヨーロッパを歴訪した六年後に、今度は植民地朝鮮の李垠もプリンスとして各国をめぐったのである。

2 陸軍将校の生業と忠義——三人の王公族軍人

軍人のエリート街道を邁進

王公族男子は皇族男子と同じく、満一八歳で陸海軍の武官になる義務があった。それゆえ李垠は、陸軍士官学校から陸軍大学校に進学し、将校の役割を担うようになる。

一九一五（大正四）年六月五日に近衛歩兵第二連隊に見習い士官として配属になると、同連隊第一中隊長を経て、二四年一二月二〇日からは陸軍の軍令管掌機関である参謀本部附となった。さらに初代李王が薨去した直後の一九二六年六月三日からは朝鮮軍司令部附も兼務している。当時朝鮮では、第二代李王となった李垠の居住地をめぐって「種々流言」が発生し、民心が動揺していたため、斎藤実総督は朝鮮軍司令官と協議し、李垠があたかも朝鮮に常任するかのように装ったのである。このとき朝鮮軍司令官は陸軍大臣に「〔李垠が国葬終了後〕速かに内地に帰還せらるるは勿論《もちろん》なるべきも、朝鮮御在住の形式を示し、此際〔朝〕鮮内民心の安定を計るは頗《すこぶ》る必要なり」（「李王垠殿下ノ御勤務地ノ件」）と要請していた。

一九二八（昭和三）年には陸軍少佐に昇進して近衛歩兵第三連隊長を兼務するようになり、翌年には歩兵第一連隊附の教育主任となった。陸軍礼式には皇族であっても武官の職を奉じている間は階級に応じた礼式に従うという規定があり、王公族も同様であった。当時の上司であった東条英機連隊長が「李王少佐！」と呼びかけると、李垠はただちに不動の姿勢をとる真面目さだったという。

一九三〇年一二月には教育総監部附となり、その一年後に李玖《りきゅう イグ》が誕生した。李玖の養育掛であった河内綾子の回想は、子煩悩な李垠の性格とほほえましい一家の様子をいまに伝えている。

お暇のおありの時は、お方（若宮様のお部屋）にお出で遊ばして、お可愛《かわ》いいさかりの若宮様のご成育ぶりを可愛いくてたまらないというようなお顔でごらんになっていらっしゃいました。

お言葉数も少なく、いつもにこやかでおやさしい王殿下でいらっしゃいました。妃殿下が若宮様とお庭をお散歩などでお見えにならない時、お詰所のドアのところにお立ちになって「どちら？」「どちら？」と妃殿下をお探しになっていらしたことが一、二度ございました。王殿下のこの「どちら？」はとても印象的でございました。

（『英親王李垠伝』）

二・二六事件の鎮圧に参加

平穏な時代はすぐに終わりを迎える。一九三二（昭和七）年一月には李奉昌《イボンチャン》による昭和天皇暗殺未遂事件があり（桜田門事件）、二月から三月にかけて民間の右翼急進派による政財界要人の暗殺事件が相次いだ（血盟団事件）。五月には海軍将校が首相官邸に乱入し、犬養毅《いぬかいつよし》首相を射殺した（五・一五事件）。

そして、一九三六年二月にはついに二・二六事件が起きる。陸軍皇道派の青年将校が武力による政治改革を目指して決起し、斎藤実内大臣、高橋是清《たかはしこれきよ》大蔵大臣、渡辺錠太郎《わたなべじょうたろう》教育総監らを殺害、首相官邸をはじめとして政治や軍事の中枢である麹町や永田町一帯を占拠したのだ。主力は李垠が一九三〇年末まで属していた歩兵第一連隊や同第三連隊の尉官級将校で、野戦重砲兵第七連隊や近衛歩兵第三連隊の一部も加わっていた。

事件発生後、参謀総長の閑院宮載仁《ことひと》親王は小田原の別邸に引きこもり、病気と称してなかなか上京しなかった。秩父宮雍仁《ちちぶのみややすひと》親王の催促でようやく重い腰をあげて東京に着いたのは二月二八日の夜である。一方で、歩兵第五九連隊長として宇都宮に転任していた李垠は、「かかる事件に皇王族《（ママ）》ご自身に出動を煩《わずら》わすことは如何なものか」（同前）と懸念する周囲の声を振り切り、混成大隊を率いて東京に出動した。新宿駅から入京し、前線通信本部として使われていた靖国神社近くのホテルを接収して夜を明かしている。同ホテルに居合わせた『東京日日新聞』の石橋恒喜《いしばしつねよし》記者によると、李垠は伝令があわただしく飛び交うロビーでただ一人椅子に腰を下ろし、軍刀の柄頭《つかがしら》に両手をおいて身じろぎひとつせず沈痛な表情をしていたという。

川島義之《かわしまよしゆき》陸軍大臣は二月二六日午前九時三〇分に昭和天皇に拝謁するが、将校らの「蹶起《けっき》趣意書」を朗読して状況報告するだけであり、無能を露呈した。これに対して天皇は「速に事件を鎮定」するよう命じ、川島は恐懼《きょうく》して退出している。陸軍三長官のうち、渡辺教育総監は殺害され、閑院宮参謀総長は不在、残る陸軍大臣は軍政（兵器の備用や人事管理など軍隊維持にかかわる行政的な側面）のトップであって、軍を動かす立場になく、しかも天皇の不興を買って機能していなかった。それゆえ、事態の収拾は杉山元《すぎやまはじめ》参謀次長や石原莞爾《いしはらかんじ》参謀が担うことになる。彼らは統帥権を踏みにじった将校らに対して強硬弾圧方針をとった。

二月二七日には戒厳令が施行され、戒厳司令官に就任した香椎浩平《かしいこうへい》東京警備司令官が二日後の攻撃開始を決めた。二八日には叛乱軍に原隊へ帰るよう命じる奉勅命令が下り、応じない将校らは逆賊扱いされる状況となる。その間、陸軍は戦車を先頭に叛乱軍を包囲し、ビラを撒《ま》くなどして兵に原隊へ戻るよう勧告を続けた。

二月二九日午前九時前、陸軍はラジオで「兵に告ぐ。勅命が発せられたのである。既に天皇陛下の御命令が発せられたのである」ではじまる香椎戒厳司令官の勧告文を流した。「いまからでも遅くない」の一節は流行語となる。李垠は「これを聞いて感じない者は日本人ではない」(同前)ともらしたという。

叛乱軍の将校は、この日の午後に下士官と兵を原隊に戻した。一九三六年七月から翌年八月にかけて北一輝《きたいっき》や西田税《にしだみつぎ》ら民間人を含む一九名が銃殺刑となり、事件は終結した。

日中戦争・太平洋戦争時に各地を転戦

日中戦争の発端となった盧溝橋《ろこうきょう》事件の翌一九三八(昭和一三)年、李垠は陸軍少将として一二月に北支方面軍司令部附となり、朝鮮経由で中国に赴任している。課長級の部下を指揮して軍隊を教育するのが任務であった。

翌年一月には、毛沢東指揮下の共産党軍と黄河を挟んで戦闘している第一軍の視察を計画し、まず太原《たいげん》に飛んで司令官の梅津美治郎《うめづよしじろう》や参謀の竹田宮恒徳《つねよし》王と会っている。ついで臨汾《りんふん》、運城《うんじょう》へと南下し、第一〇八師団や第二〇師団を視察した。京城師管区の第二〇師団には朝鮮人志願兵も所属しており、七月には初の戦死者を出している。

その後、済南《さいなん》の第一一四師団、徐州《じょしゅう》の第二一師団、青島《チンタオ》の第五師団、新郷《しんきょう》の第一四師団、石家荘《せっかそう》の第一〇師団をめぐり、三月からは満蒙《まんもう》方面に転じて大同《だいどう》の第二六師団を視察、蒙古連盟自治政府主席の徳王《とくおう》とも会見している。五月には関東軍諸部隊の視察のほか、新京《しんきょう》（現長春《ちょうしゅん》）に赴いて満洲国皇帝の溥儀《ふぎ》と面会し、六月には中支方面軍の畑俊六《はたしゅんろく》大将を訪問した。汽車や飛行機を駆使して武昌《ぶしょう》、蘇州《そしゅう》、上海、杭州《こうしゅう》、北京などをめぐる過密スケジュールをこなし、八月に帰京して近衛歩兵第二旅団長に転じた。

一九四〇年五月には留守第四師団長となって大阪に赴任した。この年、李垠は少尉任官からわずか二三年で中将になっている。皇族の昇進は基本的に早く、王公族も同じであった。梨本宮守正王は二〇年、朝香宮鳩彦《やすひこ》王と東久邇宮稔彦王は二五年で中将になっている。梨本宮守正王と東久邇宮稔彦王は中将になってから六年後に大将になっているので、終戦がもう少し遅ければ、李垠も将官の最高位まで上りつめていたであろう。

一九四一年七月には宇都宮師管区で編成された第五一師団長に就任した。部隊は八月に満洲国の錦州《きんしゅう》に進み、一〇月には南支派遣軍として広東《カントン》に転進、第三八師団と任務を交代して作戦行動についた。李垠は太平洋戦争が勃発する直前の四一年一一月に教育総監部附となって東京に帰還するが、第五一師団はその後ニューギニア戦線へ転用され、ビスマルク海海戦で約三〇〇〇名の犠牲を出している。

李垠は一九四二年に数え四六歳となった。同年八月に第一航空軍司令部附となり、翌年に

李垠の留守第４師団着任時，1940年５月

は司令官の任に就いている。第一航空軍司令部の任務は戦時下における航空の教育および補充であったが、内実は多種多様であった。作戦部隊の訓練や気象および通信の特殊教育など、戦況の悪化にともなって本土防空を担う航空部隊の重要度は増す一方であった。

李垠は特攻作戦とも無縁ではなかったと思われる。息子の李玖は、父が暗い顔で「陛下に申しわけがない。わが国の飛行機は、Ｂ29が飛行する高さまで飛んで行って体当りのできる飛行機も、人も、燃料も、なくなってきた」（同前）と吐露する姿を見たと述懐している。李垠はきわめて口数が少なく、息子ともめったに会話をしなかったというので、李玖にとってはこの発言がよほど印象に残っていたに違いない。

李垠は少しでも士気昂揚を図るためにと楽才を発揮して自ら航空軍の歌を作り、司令部や各部隊に楽譜を配った。司令部職員一同がこの歌を練習した際には、わざわざ笛を持参し、「これは何調だから、ここはこう歌わねばならぬ。ここはこう歌うのだ！」（同前）と熱心に指導したという。部下を可愛がり、参謀や副官の意見にも耳を傾け、宴会にもつとめて出席した。酒に強く、芸者の出る宴を好んだという逸話もある。

一九四五年四月に軍事参議官になると、ほとんどの時間を東京の邸宅で過ごすようになった。この職は天皇の諮問に応じて重要軍務を審議したり、陸海軍の対立を調整するのが表向きの任務であったが、実質的には軍歴終了後の閑職ないし名誉職になっていたからである。

趣味は蘭の栽培とカメラ

李垠の趣味は蘭の栽培と写真撮影であった。蘭の栽培は開花したものを単に愛《め》でるのではなく、品種改良である。粉のように小さな種をゼラチン入りの試験管で培養し、米粒のような小さな苗ができるとピンセットで取り出すという作業を繰り返した。ようやく葉が生えてくると薬品で一枚一枚丹念に拭《ふ》かなければならず、このために六名の使用人を雇っていた。温度には特に気を配り、夏には涼しい那須の別荘へ移し、冬には燃料不足の戦時中でも温室を維持したという。ただし、李玖は毎日温室で勉強したというので、他の部屋の暖房は切られていたのだろう。李垠の栽培は国際的にも注目されており、海外の専門家と文通したり、パンフレットが送られてくることもあった。

写真熱も相当なもので、日本人としてはじめてヒマラヤを撮影した長谷川伝次郎《はせがわでんじろう》に師事し、研究していた。李垠は太平洋戦争が激化すると、法隆寺や奈良国立博物館の仏像群が罹災するのではないかと懸念し、「せめて写真の記録だけでも後世に残したい」（『蘇る大和の仏像』）との思いから長谷川に撮影を命じている。本来ならば撮影は認められなかったが、李垠が直接法隆寺に交渉したことで特別の便宜が図られた。資金に関しては近畿日本鉄道の種田虎雄社長が支援したという。

李垠は写真だけでなく、身体を動かすことも好んだようだ。夏休みや冬休みになると、李玖を連れて那須のゴルフ場、奥日光や赤倉のスキー場、槍ケ岳や那須岳の登山、山王の室内スケート場などに行き、なるべくたくさんのスポーツに接する機会を作った。しかも多くの場合、その道の専門家を同行させており、日本人として冬季五輪初のメダリストとなる猪谷《いがや》千春《ちはる》もその一人であった。

一九三二（昭和七）年に井坂孝《いさかたかし》の依頼で藤沢カントリー倶楽部の名誉会員となり、三七年には京城ゴルフ倶楽部の名誉総裁にも就任した。京城ゴルフ倶楽部は旧裕陵内に設置した昌徳宮ゴルフ場を利用しており、李王家の親戚や李王職は無料で会員になれるなど、王公族と密接な関係にあったのである。京城紡織株式会社社長の金季洙《キムヨンス》、朝鮮商業銀行頭取の朴栄喆《パクヨンチョル》、延禧専門学校校長の兪億兼《ユオッキョム》らも会員名簿に名を連ねていた。

東京大空襲と原爆の被害にあった公族

他方で公族の二人の当主、李鍵《イゴン》公と李鍝《イウ》公は戦前戦中の激動期をどのように過ごしたのであろうか。李鍵公は一九三八（昭和一三）年に陸軍大学校を第五一期で卒業したのち、陸軍騎兵学校教官や陸軍大学校研究部主事を歴任した。終戦当時は、職場の陸軍大学校が疎開したのにともない、甲府市街の敷島《しきしま》村に移り住んでいる。家族のほかに御附武官、属官、御用取扱、侍女、運転手など十数人の職員の面倒もみなければならなかったが、周囲に農家が多かったので、戦局が悪化しても食糧にはそれほど困らなかったという。ただし、決して贅沢《ぜいたく》できたわけではなく、口にしたのはうどん、すいとん、ぞうすいなどで、時にはサツマイモの茎を食して飢えをしのいだ。

一九四五年五月二五日、東京から李鍵公のもとに急電が届く。第一報は「本邸が大型焼《しょう》夷弾《いだん》を受け、警備中の軍隊が消防中」、第二報は「消防はかどらず延焼中」というものであった。東京大空襲の被災である。渋谷常磐松の李鍵公邸は蔵を一つ残して燃え尽きた。

李鍵公の弟で李熹《イヒ》公家の家督を継いだ李鍝公は、一九三一年三月に陸軍士官学校予科を卒業したのち、陸軍第一師団野砲兵第一連隊に配属された。

軍人となった李鍝公には不幸がつきまとった。陸軍砲兵少尉となった一九三三年一一月には、栃木県近辺で行った第一旅団の演習で斥候として活動中に落馬し、頭部、顔面、右腕、右下腿《かたい》部を負傷している。馬がコンクリートの橋に撒かれた水に滑ったのが原因であった。

一九三八年六月には千葉県での中隊教練で宇那谷《うなや》から大日山《だいにちやま》に向かう途中に落馬して骨折している。これも馬がぬかるんだ道に脚をとられ転倒したのが原因であった。

その後一九四五年に陸軍中佐として広島に赴任し、八月六日に軍馬で出勤しているときに、十日市町《とおかいちまち》の市電交差点付近で原爆の直撃を受けた。顔面、頭部、両手、両膝にやけどを負い、移送された似島町《にのしまちょう》の陸軍療養所で翌七日午前五時五分に薨去した。ただし、書類上は大須賀町《おおすがちょう》一番地の第二総軍司令部で絶命したことになっている。

李鍝公の御附武官であった吉成弘中佐は被爆を免れた。彼は水虫に悩まされて長靴を履けず、乗用車で一足先に軍司令部に出勤していたからである。吉成は自責の念に駆られ、療養所の前の芝生に正座してピストルで自決した。

このとき李王職や朝鮮軍は、終戦間近の混乱期にもかかわらず、李鍝公が国葬になるのか、昇進や叙位叙勲があるのかを気にし、陸軍大臣官房の副官に問い合わせていた。結局、葬儀の件は国葬ではなく陸軍葬となり、張憲植《チャンホンシク》李王職長官に一任される。八月八日に空路で遺骸が京城に移送され、一五日に玉音放送が流れたのちに京城運動場で式が執り行われた。阿部信行《あべのぶゆき》総督、遠藤柳作《えんどうりゅうさく》政務総監、上月良夫《こうづきよしお》朝鮮軍管区司令官のほか、天皇の名代として坊城俊良《ぼうじょうとしなが》式部次長らが参列している。

昭和天皇の弟高松宮宣仁《たかまつのみやのぶひと》親王は、日記のなかで広島や長崎の原爆被害には触れていないが、「広島空襲にて李鍝公戦傷され、翌七日薨去」と書き留めている。彼は李鍝公のことを

「鍝ちゃん」と呼ぶほど懇意にしていたので、よほど衝撃だったのであろう。

3　終戦、喪失、そして貧困——冷たい仕打ち

王公族の処遇を気にする昭和天皇

一九四五（昭和二〇）年六月に沖縄が壊滅状態となり、七月末には日本に無条件降伏を勧告するポツダム宣言が米英中によって発表された。昭和天皇は八月一〇日の御前会議で、国体護持の一条件に絞ってポツダム宣言を受諾することを聖断、一二日にはその意思を伝えるため、皇族や王公族を皇居の御文庫附属室（空襲時の退避施設）に招いた。皇族からは直宮の高松宮宣仁親王、三笠宮崇仁親王《みかさのみやたかひと》をはじめとして一一名が、王公族からは李垠と李鍵公の二名が参内している。御文庫に通ずる廊下には水がチョロチョロ流れており、白木のすのこの上を歩いていかなければならなかった。

一人で出御した昭和天皇は、馬蹄《ばてい》形に並んだ列席者に向かって饒舌《じょうぜつ》に語りはじめた。その様子をみた李鍵公は、「よほど頭に入っていなければ、決してあれだけの弁舌はふるえないものである。そのお言葉を伺っていて、陛下は絶対にロボットじゃない、と感じた。〔中略〕私はこの陛下のためならどんなことでもする。死んでもよい、と思った」（「運命の朝鮮王家」）と述べている。

実はこの会同をはじめる前に、昭和天皇は木戸幸一内大臣に「朝鮮処分問題の出たる場合、李王〔垠〕以下の処遇を如何に答うべきや」と尋ね、王公族身分の存廃に強い関心を示していた。しかし、木戸内大臣が「今回御会同の問題にあらず」（『木戸幸一日記』一九四五年八月一二日）と奉答して議論を他日に譲るよう進言したので、天皇から王公族の処遇が語られることはなかった。

李王家を支援する土建業者

終戦時に李垠夫妻や御附の職員たちは那須の別荘に移住し、二ヵ月ほどを過ごしている。李玖や同級生の伏見宮博明《ひろあき》王も家庭教師とともに以前からここに疎開していた。戦後に李垠の秘書となって李王家の財政処分に尽力することになる朝鮮貴族の趙重九《チョジュング》男爵（李垠が東京に留学したときに侍従武官長として扈従《こじゅう》した趙東潤《チョドンユン》の嗣子。のちに長重九と改名）が馳《は》せ参じたときには、晩餐にクリームスープ、鶏の丸焼、マッシュポテト、野菜サラダ、さらにデザートにはスイカと紅茶が出たというので、食糧には困っていなかったようである。

しかし、日本から支給される歳費は一九四五年度で打ち切られたため、李王家の財政はすぐに困窮する。京城にあった現金五五〇万円は児島高信李王職次官が小切手にして持参したが、八月一五日以降の金銭の移動は認められず、結局李垠のものにはなっていない。趙重九は李王家の収入を確保するべくＧＨＱ（連合国軍最高司令官総司令部）に相談し、京城の王宮事務所から生活費を送ってもらう道筋をつけた。だが、王宮事務所は尹弘燮《ユンホンソプ》長官（尹沢栄《ユンテギョン》の子）と李寿吉《イスギル》（李堈の子）が派閥争いを繰り広げていて機能しておらず、この話は立ち消えとなった。

このような危機的状況のなかで、李王家を助けたのは梅田組の孫海圭《ソンヘギュ》であった。彼は戦前に日本軍の仕事を受注して飛行場や地下壕を作るなどした東京青梅町《おうめまち》の土建業者である。終戦とともに祖国の建設を夢みて一度朝鮮に戻ったが、米軍政府との協調路線をとる李承晩《イスンマン》一派のやり方に失望して再び日本に戻っていた。

李垠は一九四六年四月に李王家邸を訪れた孫海圭を温室に案内し、蘭を一鉢下賜した。孫海圭はこれに感激し、生活費として毎月三万円を献金させてほしいと申し出たのである。しかし、まずは得意先を失った梅田組を再起させる必要があった。これに関しては、ＧＨＱとのコネクションがある趙重九が手を貸し、梅田組は米軍関連の仕事を次々と獲得した。孫海圭が李王家に接近した理由はここにあったといえよう。とはいえ、李王家にとって献金は願ってもない申し出であった。

身分に執着して滄浪閣を失う

秘書の趙重九によると、李垠は終戦後しばらくの間、周りの意見に頷《うなず》くばかりで、表情からは意思が読み取れなかったという。那須の別荘で拝謁した折に今後の展望を尋ねたときも、

「いや、今、別に……」(『重すぎた無窮花《ムグンファ》』)という手ごたえのない返事をするばかりであった。

一方で、趙重九にはあわよくば王政復古を実現したいという思いがあった。しかし、ソウル視察から帰った元宣教師のアメリカ人から、左翼政党が作った反逆者リストの第一位に李垠の名があったことを知らされ、王政復古は「夢物語」であると断念する。そして、昭和天皇が国体の消滅に直面しつつも、もがくことなく捨身でマッカーサーの前に出て危機を脱したように、李王家も美しく綺麗《きれい》に閉じて一国民となる大決心が必要だと考えるようになっていた。

しかし、李垠はそうした考えを持ってはいなかった。王族の地位に未練があったのである。李王家を食いものにしようと近づいてきた易者が「お金さえ儲《もう》けましたら、ずっと今のお暮らしが続けられます。ところで殿下、今度は確実な儲け話がございます」(同前)とささやくと、李垠の表情はゆるみ、身を乗り出して話を聞いたという。これによって李王家は実体のない会社へ投資したり、美術品を騙《だま》し取られたりした。

身分への執着が一因となって滄浪閣《そうろうかく》も幣原《しではら》内閣の内閣書記官長を務めた楢橋渡《ならはしわたる》の手に渡ってしまう。滄浪閣とは伊藤博文が大磯に建てた邸宅であり、一九二一(大正一〇)年に伊藤公爵家から李王家に譲渡されていた(李王家は伊藤公爵家に一二万三六〇〇円を下賜しているので実質的には購入)。

李垠はたびたび李王家邸を訪ねてくる楢橋と気兼ねなく話せる仲になると、「私の地位はどうなりますか。どうかこれまで通りの待遇をしてもらえませんか」と懇願したのである。これを隣で聞いた趙重九は当時の心境を次のように表現し、李垠を辛辣《しんらつ》に批判している。

私はその言葉を聞いた瞬間顔から火が出る思いがし、怒りがむらむらと胸をつき上げてきた。この馬鹿野郎、とどなりたい衝動をやっとこらえて私は中坐してしまった。私の目からは涙があふれてきた。万事休すである。このような哀願は側近の者が万策尽きた最後に言うべき言葉である。（「王家の終焉」）

李垠は不用意に発した一言によって楢橋に弱みを握られてしまう。楢橋は李垠の依頼に「できるだけの努力をいたしましょう」と含みを持たせて返答した。そのうえで、現在進めている新憲法の草案作りを伊藤博文のゆかりの地である滄浪閣で行いたいので、日本政府に譲っていただきたいと申し出たのである。

李垠と趙重九は楢橋の意見に賛同して滄浪閣を譲渡することにし、李王家の紋章が入った和洋食器をそろえて大磯に贈り届けた。ところが、滄浪閣は政府の所有にはならず、門柱に「楢橋」の表札が掲げられることになる。楢橋は李王家の存続を望む山下平一李王職事務官を通じて李王家に四〇万円を支払い、滄浪閣を私的に入手したのだ。趙重九にとっては寝耳に水であったが、李垠はこの買収に納得していたという。その後、滄浪閣は堤康次郎《つつみやすじろう》が率いる西武グループに売却され、大磯プリンスホテルの別館となった。

李王家邸を国際基督教大学の本部に

一九四六（昭和二一）年一一月、GHQの発した「戦時利得の除去及び国家財政の再編成に関する覚書」にもとづいて、財産税法が公布された。累進課税のため、日本に九六〇万円の資産を有していた李王家は、七八％にあたる七五〇万円もの大金を納税しなければならなかった。歳費を絶たれた李王家がそのような大金を用意するのは不可能といっても過言ではない。趙重九によると、「心配性の李王〔垠〕はどうしてよいか、いらいらしだした」（同前）という。

ちょうどその頃、日米のキリスト教界が協力して国際基督教大学（ICU）を作る計画が進んでおり、日本銀行総裁の一万田尚登《いちまだひさと》が募金活動に奔走《ほんそう》していた。ある日、この計画にかかわっていた日本キリスト教青年会（YMCA）の指導者斉藤惣一《さいとうそういち》から李王家に、紀尾井町の邸宅を大学の本部として提供してくれないかという相談があった。趙重九は斉藤と古くから面識があり、彼が話を仲介したのである。大学の創立委員会は李王家に一〇万ドルを提示したという。ドッジ・ラインで定められることとなる為替レート、一ドル＝三六〇円に当てはめれば三六〇〇万円の巨額であり、財産税を納めても金利だけで十分に生活を維持できる額であった。

ところが、李垠はどうしてもイヤだとこれを断った。趙重九はその理由を「李王〔垠〕はホテルのようなものをして、御自分達も直接経営に参加、華やかな社交場裏に出入するのを夢みていた」（同前）からだと説明している。

李王家邸を手に入れようとする団体や実業家は後を絶たなかった。一九八二年に死者三三名の火災事故を起こしたホテル・ニュージャパンのオーナー横井英樹《よこいひでき》もその一人である。横井は一九四六年に梨本宮家の伊豆山別邸を買収すると、翌年には李王家邸にも触手を伸ばした。李垠夫妻を料亭に連れ出して接待したり、アメリカ製の化粧品やナイロンの靴下を手土産に持参するなどして関係を深めている。そうしたお膳立《ぜんだ》てをしたうえで、李王家邸を外国人専用の社交クラブにし、李垠が社長に就任してはどうかと提案したのだ。この案は趙重九が反対して実現しなかったが、李垠夫妻は乗り気だったという。

日本人になりたい李鍵公

李垠と同じく日本に残った李鍵公の戦後はどうだったのだろうか。戦時中に山梨県敷島村に疎開していた李鍵公は、戦争が終わってもなかなか東京に戻らなかった。甲府に引きこもり、さらに山奥の浅間温泉に逃げている。彼はその理由を「男の貞操」と表現した。すなわち、朝鮮が独立を選んだことに対して、それは自分の罪ではないが、「陛下にお目にかかることが絶大の苦痛」になったというのだ。李鍵公は朝鮮の独立を「実に嬉《うれ》しい」といいつつ、内心は変節と解釈していたのである。そしてついには木戸内大臣に対して筆を執り、「日本人になりたい」と訴えた。しかも「朝鮮の離反に対する申〔し〕訳け」から、一介の国民でよいとまで述べていた（『木戸幸一文書』）。しかし、いまだ法的には日本人の王公族が日本に帰化することは不可能であった。

李鍵公は浅間で借りた家の二階にある日当たりのよい四畳半に閉じこもって、一九四五年の暮れまでドイツ語の翻訳に没頭した。李鍵公妃誠子《よしこ》によると、李鍵公は「東京はアメリカ人がいるからいやだ」（「雑草の中に生きて愛して」）といって動こうとしなかったという。また李鍵公自身も、梨本宮守正王が戦犯として収監されたことに強い衝撃を受け、社会から目をそらしたと証言している。こうしたことから、彼は天皇や皇族とともに戦争責任を問われることを恐れていたのではないかと思われる。

しかし、李鍵公は一九四六年三月に家族とともに東京へ戻った。渋谷常磐松の邸宅は空襲で焼け落ちていたため、隣の李鍝公邸を仮住まいとしている。これに対して、戦前に朝鮮に戻っていた李鍝公妃の朴賛珠が財産を奪われたと勘違いしたため、李鍵公一家は米軍から家宅捜索を受けるという憂き目に遭った。

なお、この土地の所有権は李王職にあったが、一九四六年の官制廃止にともなって八月三日に李鍵公と李清公《りせいイチョン》（李鍝の長男）に移譲された。李清公は道を挟んで隣接する国学院大学や元李鍝公附の李王職事務官飯高治衛に一九五五年から五六年にかけて土地を売却している。

李鍵公も五七年に大部分を大学に贈与した。現在その場所には地階に博物館がある国学院大学の学術メディアセンターが建っている。

祖国へ戻るのを躊躇

李鍵公の育ての親である李堈妃金氏は、李鍵公に朝鮮に戻ってくるよう再三にわたって手紙で促していた。そこには長年異境で辛酸をなめてきたことに同情し、故郷で安住できる日が来るのを願うと書かれていた。しかし、李鍵公は「私にとって日本は、母のいうような辛酸をなめた異境ではなく、成長し、教育を受け、家庭を営み、生業《なりわい》に従事してきた心のふるさとなのである」と否定している。このように考える背景には、彼が朝鮮語の読み書きすらできないことが影響していた。だがそれだけではない。李鍵公は次のような思いを吐露している。

> 私の一族は併合以来、日本の皇族としての礼遇と特権を与えられ、民衆と同じ苦難をなめることも、その苦難を与える相手を身にしみて意識することもなく、安らかに生きて来たのだ。こんな事情にあって、私が朝鮮人たちからちやほやされる道理がない。
>
> （「朝鮮王朝の末裔」）

すなわち、東京で悠々自適な生活を送ってきた自分たちが朝鮮人に受け入れてもらえるわけがないと認識していたのである。

しかも朝鮮では王室の者であっても傍系は冷遇された。たとえば、李鍵公はある日本人に「あなた方は朝鮮にゆけばいいことがあるでしょう」と尋ねられたときに、「とんでもない。私は朝鮮にいったら男爵の扱いも受けやしない。見当ちがいですよ」(『運命の朝鮮王家』)と答えている。朝鮮に帰るには相当な勇気が必要だったことであろう。

王公族身分の消滅

王公族という身分が消滅したのは、終戦から二年後の一九四七年五月三日、新憲法施行の日である。この事実は王公族譜の最後に明記されている。しかしながら、新憲法の施行と王公族身分の廃止がどのようにつながっているのかはよくわからない。

一般的には新憲法の第一四条で「華族その他の貴族の制度は、これを認めない」と規定したからだと考えられている。だが皇族の場合は、これよりのちの一〇月一四日に、三直宮を除く一一宮家五一名がGHQの勧告にもとづいて「自主的に」皇籍離脱した。新憲法の施行と同時に身分を失ったわけではない。臨時法制調査会の一員として憲法改正にともなう法制整備の調査を担っていた萩原《はぎわら》徹《とおる》外務省条約局長も、王公族を「貴族」と解釈するには若干の疑問があり、「寧《むし》ろ朝鮮貴族が之に該当するのではあるまいか」と述べていた。しかも

「王公族は皇族にしてしまうか、又は皇族に準じた地位を与えてもよいのではあるまいか」（「王公族の殊遇について」）とさえ考えていたのである。

したがって、新憲法の施行による王公族身分の廃止は名目的なものであり、実質的な根拠は別のところに見出すべきであろう。筆者はそれを新憲法施行の前日に最後の勅令として公布施行された「外国人登録令」だと考える。王公族は昭和期に入ると皇族とほぼ同一視されていたが、地域籍はあくまで朝鮮と見なされていた。それゆえ、「外国人登録令」の施行と同時に日本にいた王公族は一般の在日朝鮮人と同様に「外国人」となり、合わせて身分も喪失したと理解するのが合理的ではないだろうか。方子は役所で「外国人登録」を済ませたときの感想として、「これで、はっきり日本からほうり出された」（『動乱の中の王妃』）という実感が残るのをどうすることもできなかったと述べている。

韓国併合時に李完用首相は主権を失いながらもかろうじて王称を守った。近代の国際社会ではたいして意味を持たない名分ではあったが、それによって李垠は対外的に〝プリンス〟を名乗ったのである。だが、日本の敗戦によってその王称すら失い、ついに一般人となった。それは琉球や台湾とは異次元にあった朝鮮が、他と同列にならんだ瞬間でもあった。

方子は一般人になると同時に「李方子」と称した。王公族身分を離れたため、適当な氏が必要になったからである。

李承晩の冷たい仕打ち

旧王公族が戦後の混乱のなかでもがいていた頃、朝鮮半島では米ソの対立が激化していた。アメリカが擁立した李承晩は一九四八年八月一五日に半島南部で大韓民国(以下、韓国)を建国し、ソ連が担ぎ上げた金日成も九月九日に半島北部で朝鮮民主主義人民共和国の樹立を宣言した。一九五〇年六月二五日に勃発した朝鮮戦争は三年後に休戦となるが、いまでも北緯三八度線上に軍事境界線が引かれている。

日本に在住していた朝鮮人は「外国人」となったが、国籍は日本のままであった。しかし、一九五二年四月一九日に法務府は民事局長通達として「平和条約に伴う朝鮮人台湾人等に関する国籍及び戸籍事務の処理について」を出し、「外国人」の日本国籍を剝奪すると告知した。これによって当時日本に在住していた旧王公族、すなわち李垠一家三名と李鍵一家五名は、サンフランシスコ平和条約が発効した四月二八日に他の在日朝鮮人とともに無国籍となる。

韓国の初代大統領となった李承晩は李王家に対して敵対的な態度をとり、帰国を認めなかった。その理由としては、李承晩が世宗の兄 譲寧君《じょうねいくん》の第一六代末裔であることを誇りにしていたため王室の嫡流が目障《めざわ》りだったことや、より現実的な理由として王政復古を恐れていたことが考えられる。

一九五〇年に李玖のアメリカ留学のためにパスポートの発給を依頼したときも韓国政府は

応じていない。李垠は最終手段として、宮内庁の了解を得て日本政府の臨時旅券を入手することとした。しかし、駐日代表部の金龍周《キムヨンジュ》があわてて非公式ながら自身の個人名でパスポートを発給したため、李玖はそれを持って八月三日に横浜から出国している。留学には皇籍を離脱した伏見博明も同行した。

李垠は紀尾井町の李王家邸を参議院議長公舎として間貸しし、方子とともに侍女部屋で暮らすようになっていた。サンフランシスコ平和条約が発効してからは韓国政府が李王家邸を駐日大使館の候補地に定め、四〇万ドル（手付金二〇万ドル）で購入することを決める。これにともなって李垠は参議院議長公舎の契約を解除したが、韓国政府からの送金がなかったため、堤康次郎に四〇〇〇万円で売却した。堤の手に渡った邸宅は改装され、一九五五年に三五の客室を備える赤坂プリンスホテル（旧館）として開業することになる。

李王家邸をホテルのようなものにしたいという李垠の夢は、ある意味実現したといえよう。しかし、直接経営にかかわることはできなかった。手にした四〇〇〇万円も財産税納付時の借金返済などでほとんど消えてしまい、李垠夫妻は田園調布三丁目八四番地にこぢんまりとした家を購入して移り住んだ。

桃山佳子の奮闘

李鍵公は「外国人登録令」にもとづいて「外国人」になった翌日に日本式の桃山虔一《ももやまけんいち》と改

称し、妻や子もそれぞれ佳子《よしこ》、忠久、欣也、明子《はるこ》を名乗った。〝桃山〟は「明治天皇崇拝者」の李鍵公が桃山御陵にあやかって、昭和天皇の了承を得たうえで採用したものである（「雑草の中に生きて愛して」）。

桃山家の財産はほとんどすべてが朝鮮にあり、終戦時に東京にあったのはわずかばかりの現金と少額の有価証券くらいであった。妻の佳子は当時焼け野原でアカザなどの雑草を摘み、食膳に載せたと回想しているので、いかに貧しかったかがうかがい知れる。

虔一は家族以外に十数名の使用人を養わなければならなかったため、蔵のなかで焼失を免れた朝鮮王室伝来の宝石やかんざしなどを密かに売りに出したり、自動車を処分して現金に換えるなどした。宝物類はブローカーに渡る前に米軍が押収して散逸を免れたが、クラシックカーのアルヴィス・スピード20は最終的に美学者浜徳太郎《はまとくたろう》の手に渡っている。なお、虔一は浜徳太郎が一九五六年一一月に設立した日本クラシックカークラブ（CCCJ）に入会し、八一年には佐藤章蔵を継いで第三代会長に就任した。

虔一は「極度の交際ぎらい」（同前）だったため、表に立って家計を支えたのは妻の佳子であった。彼女は子どもたちを食べさせていくために、新憲法が施行される前から使用人とともに慣れない商売をはじめた。まずは渋谷駅前でよしず張りのしるこ屋、ついで道玄坂で喫茶店、駅前のマーケットで文房具店を開いている。喫茶店とはいえ、焼け跡で飼っているヤギの乳を提供する程度であった。どれも赤字が膨らむ一方でうまくいかなかったという。

やがて銀座六丁目に出店制の銀六デパートができると、朝鮮人のN夫人の勧めで菓子屋〝桃山〟を開業した。一九四七年七月一八日のことである。店は入口に一番近いところに割り当てられ、佳子は客寄せパンダに利用された。マスメディアが元妃殿下の商売を記事にし、それを読んだ大衆が好奇心でデパートに足を運んだのだ。特に雑誌『真相』は写真付きで「この顔ではだいぶお金儲けが好きになったらしいネ」（一九四八年六月号）と皮肉を込めて報じた。

だが、菓子屋は一〇ヵ月で廃業となる。銀六デパートが身売りされ、立ち退きを迫られたのだ。出店したオーナーたちはN夫人と戦う姿勢を示したが、佳子は世話になった手前もあり、素直に店を閉めた。

そして今度は、銀六デパートで出店仲間だった越後屋の支援で銀座二丁目に玩具店を出した。しかしこれも長続きしなかった。一九四九年にはK工業の社長であるT女史に誘われて銀座七丁目の会員制社交クラブ〝銀座倶楽部〟の社長に就任する。佳子が宣伝用の飾りにすぎなかったことはいうまでもない。彼女が社長ということで、高松宮妃や皇籍離脱した閑院直子ら往時の名流夫人が続々と入会した。

虔一の不倫と離婚

佳子が銀座倶楽部の社長に就任した頃、虔一は達筆の特技を生かしてガリ版印刷の仕事をはじめた。しかし、これが戦前から冷めていた夫婦仲を破綻させるきっかけとなる。虔一は納期に追われるストレスや顧客からのダメ出しで次第に自信を失い、たびたび外出しては前《まえ》田美子《だよしこ》という女性と会うようになったのだ。

ある日、虔一は美子の依頼で父親の藤吉と面会した。彼女はこの老父を養うために夜の街で働いており、虔一と出会ったのである。藤吉は初対面の虔一を前にして、娘を妾として囲い、父親ともども面倒を見てほしいといった趣旨の依頼をしたという。虔一はこれに当惑し、一度は美子と距離をとった。自分を苦しめた父李堈の妾たちを恨み、また生母の悲惨な人生を憐《あわ》れんで、妾は作らないと決めていたからである。しかし、虔一は美子を忘れられず、佳子との夫婦関係を解消する途を選んだ。

虔一が佳子に離婚の意思を告げたのは一九五一年四月中旬である。彼は佳子が家庭の運営を放棄し、実質的には妻でも母でもなかったと振り返っている。離婚の宣告に対しても彼女は何ら躊躇せず、「もっと早く離婚すべきだったと思っています。ただ女の私からそれを云い出してはどうかと考えたから今迄《いままで》黙っていただけでした」（「運命の朝鮮王家」）と答えたという。

しかし、これは佳子の証言と大きく食い違う。彼女は社長業をはじめてからも、閉店ぎりぎりのデパートに駆け込んで夕食の材料を買い求め、子どもたちの弁当の準備もしたと述べている。「外で働く主婦としての疲労が鉛のように心身をとざしていることを、誰も見ようとはせず、知ろうともしなかった」とのぼやきが、当時の苦労を如実に表しているといえよう。離婚協議に関しても、すぐには夫の言葉を理解できず、ただ「はい」と頭を下げただけだと回想している（「雑草の中に生きて愛して」）。

　佳子が二、三日かけて気持ちを整理している間に、虔一は宮内庁に出向いて離婚の手続きを終えた。子どもの養育に関しては、虔一が「欣也と明子はこちらで引き取ることにするが、忠之〔ママ〕はそちらへ渡すから、たのみます」（同前）と提案し、そのようになった。忠久（李沖）だけが分けられたのは、第2章で言及した血のつながりが関係していたのかもしれない。

　一家はそれまで上野にあるT女史の邸宅の一室に住んでいたが、離婚とともに佳子と忠久は松平姓となって赤坂のアパートへ転居し、虔一、欣也、明子は、美子とともに杉並に見つけた一五坪ほどの新居へ引っ越した。

　末娘の明子は週末ごとに佳子を訪ねてきた。そして、夏休みが近づいたある土曜日に「今日から学校もお休みですから、ずっとここにいていいでしょうか」と母に告げている。佳子はそういってくれることを願いながら、強要してはいけないと自制していただけに、明子を飛びつくように抱きしめたという。以後、明子は佳子と忠久とともに暮らすようになった。

　佳子は離婚後すぐに銀座倶楽部の経営をめぐってT女史と対立し、社長を辞任している。ダンスパーティーやコンサートを開いて会員相互の親睦を深めるというのがクラブ運営のコンセプトだったにもかかわらず、T女史は利益を重視し、キャバレーに切り換えようとしたからである。

佳子は一九五一年一一月に新橋烏森《からすもり》口にほど近い路地裏で飲み屋〝よしの路〟を開店した。六、七人でカウンターがいっぱいになるような一坪半の小さな店で、年配の女性を一人雇っていたという。マスメディアはこれを嗅《か》ぎ付け、「男まさりで、派手ずきで、行動的な女性」「経済的な独立への自信が、消極的な主人のもとから去らせた」と否定的に報じた。佳子はこれに対して、「世間という巨大な〝いきもの〟がいて、自分を裏切り、白眼視しているとしか思えませんでした」（同前）と嘆いている。

一年後に銀座二丁目に店を移し、さらに三年後の一九五五年にはよしの路を中華料理店〝桃山〟に変えている。子どもたちが高学年になったため、同じ水商売でも納得してもらえるものにしようと考えたのが理由であった。一九六〇年の暮れには桃山を改築して寿司屋〝桃弥摩〟を開業している。

李垠夫妻の日本国籍取得と李玖の結婚

アメリカに留学した李玖は、一九五三年九月に名門のマサチューセッツ工科大学（MIT）に入学し、五七年に建築科を卒業した。卒業の前年にはアメリカの永住権を取得している。李垠と方子は卒業式に出席するために韓国政府にパスポートの発給を求めた。しかし、韓国政府がこれに応じなかったため、代わりに日本政府が大学の招聘状にもとづいて交付した臨時の旅行証明書で出国している。

卒業式ののち、李垠夫妻はしばらくアメリカで李玖と一緒に暮らすことにした。アパートは元プロボクサーのジーン・タニーから借りている。ベッドがなく藁布団《わらぶとん》で眠るという決して快適とはいえない暮らしのなかで、三人は親子水入らずの幸福な時間を過ごした。だが一九五九年三月一六日、李垠が脳血栓で倒れて歩行困難になり、夫妻は予定より半月遅れの五月一七日に日本へ戻った。

それから一年後、李垠夫妻は再び渡米を計画した。しかし、今回は大学の招聘状がなかったため、日本政府に旅行証明書を発給してもらうことはかなわなかった。そこで夫妻は日本に帰化して国籍を取得する途を選択する。

六月二三日にニューヨークで李垠夫妻を出迎えたのは李玖一人ではなかった。彼は大学卒業後にニューヨークの建築事務所I．M．PEIエージェンシーに就職し、仕事の関係で知り合った美術学校出身のジュリア・ミューロックと結婚していたのである。李垠夫妻は最初の訪米のときにジュリアを紹介されており、方子は「地味でさっぱりした素直な性格で、家庭的で、玖がなぜ彼女をえらんだかがよく理解できました」（『流れのままに』）と感想を述べている。李垠夫妻は李玖夫妻のアパートの筋向いにあるホテルに泊まり、八月六日に帰国した。

李玖は一九六一年にハワイ大学の東西センターを設計する仕事で一年間ホノルルに滞在し

た。李垠夫妻もハワイを訪問し、一ヵ月間息子夫婦と過ごしている。この年の年末に李玖はアメリカの市民権を取得した。ジョン・F・ケネディがマサチューセッツ州の上院議員だったときに李玖のために作成した特別の書類が国会で承認されたのである。

朴正熙による厚遇と王族の最期

韓国では一九六〇年四月に李承晩が失脚した。その後、各方面の人間が旧大韓帝国皇室を担ぎあげようとし、韓国政府は李垠に駐英大使のポストなどを用意した。しかし、李垠は政治利用されるのを嫌い、健康上の理由をあげて辞退している。韓国政府は翌年に李堈の息子李寿吉を旧皇室財産事務総局長に任命し、三月に日本に派遣した。このとき帰国準備名目で一〇〇万ウォン(七二〇万円)が李垠夫妻に渡されている。

一九六一年一一月一二日、渡米途中の朴正熙《パクチョンヒ》国家再建最高会議議長が日本に立ち寄って病床の李垠に花束を贈呈し、方子にいつ帰国してもかまわない旨を伝えた。さらに翌年一二月一五日、韓国国籍法第一四条第二項の規定にもとづく国籍回復審議委員会の建議を経て、李垠と方子が韓国の国籍を回復した旨が告示された。これにともない、一九六三年一月には韓国政府が李垠夫妻に生活費を送金している。

一〇月七日に別れの宴をホテル・ニュージャパンで開き、一一月二二日に夫妻は特別機で羽田から韓国に渡った。脳軟化症で重篤な状態にあった李垠は金浦空港から直接ソウルの聖母病院へ運ばれている。このとき三〇キロに及ぶ道程は奉迎の市民で埋め尽くされた。皇室に無関心な現代の韓国社会からは想像できない情景がそこにはあったのである。

一九六六年二月三日には初代李王妃尹氏が亡くなり、生前に起居した昌徳宮楽善斎の前庭で葬儀が行われた。李玖が喪主を務め、国会議長、国務総理、大法院長をはじめ韓国各界の人士が参列している。日本からも在韓臨時代理大使が出席した。金谷里の埋葬式では遺言により慟哭《どうこく》の声がなかったため、二〇余名の僧侶の読経だけが鳴り響いていたという。尹氏の晩年は波瀾万丈であった。朝鮮戦争のときに米軍機で釜山へ運ばれて食うや食わずの避難民生活を送り、ソウルに帰還後は李承晩政権の妨害でしばらく楽善斎に入れずに貞陵の山あいにある崩れかかった山荘で六年間過ごしたといわれている。

一九七〇年四月二八日に李垠と方子は結婚生活五〇周年を迎え、病院で金婚式のミサを開いた。李垠が永眠したのはそれから三日後の五月一日である。葬儀は五月九日に韓国皇太子の礼をもって行われた。日本からは昭和天皇の名代として高松宮宣仁親王と喜久子《きくこ》妃が、方子の親族としていとこの秩父宮妃勢津子《せつこ》と妹の広橋規子《のりこ》が参列している。

李玖は古礼に則って三年の喪に服し、一九七三年五月にソウルの宗廟で父の三年祭を執り行った。李垠は皇帝または王に即位していないので、本来ならば宗廟内の永寧殿に位牌が祭られることはなかった。しかし、新たに祠堂を設けるよりは永寧殿で空室となっている最後の一室に位牌を納めたほうがよいとの判断から、朴正熙大統領の許可を得たうえで同所に安置された。

李方子は韓国に渡ってから福祉に身を捧げ、一九六五年一月には有志の婦人とともに、心身障害児を支援するための団体恵行会《けいこうかい》を創立している。さらに、一九六七年一〇月二〇日に聾唖《ろうあ》や小児麻痺の子どもを支援する福祉施設として明暉園《めいきえん》を発足させた。明暉は李垠の雅号であり、発足日は彼の誕生日である。一九七一年には水原《スウォン》市に慈恵《じけい》学校を設立し、心身障害児の教育訓練にも着手した。

住居はしばらくソウルの高級住宅街である漢南洞の国連村（UNヴィレッジ）に定めていたが、一九六八年の秋から楽善斎に移り、七宝焼の制作や指導に携わった。一日のほとんどを明暉園と慈恵学校の仕事に費やし、夜は遅くとも午後一〇時半に就寝する生活だったという。八九年四月三〇日に他界し、李垠の眠る金谷里に合葬された。

李玖とジュリアは李垠夫妻とともに一九六三年に韓国へ渡った。しかし、生活は順風満帆ではなかった。女性問題をきっかけとして一九七四年に夫婦は別居するようになり、さらに李玖は事業に失敗して七九年六月に日本へ逃避している。一九八二年にジュリアと離婚すると、「天照大神の化身」を自称する占い師有田絹子《ありたきぬこ》と再婚した。李玖は有田に下僕のように従っていたというので、洗脳状態にあったのであろう。一九八三年頃には韓国人の貿易会社社長に「融資は有田女史のお力で実現する。信じなければあなたはズタズタになる」という発言を繰り返して二〇〇〇万円を騙し取るという詐欺事件を起こしている。

李玖は一九九六年に全州李氏大同宗約院の総裁に推戴されると韓国に永住帰国した。大同宗約院とは、植民地期に李堈公を初代総裁として設立した全州李氏の相互扶助団体である。

李玖は子をもうけぬまま、東京滞在中の二〇〇五年七月に赤坂プリンスホテルで急逝した。秋篠宮家に四一年ぶりの皇族男子として悠仁《ひさひと》親王が誕生したのはこの翌年である。つまり、李玖は日本の皇位継承問題が最高潮に達していたときに亡くなったのだ。女性天皇や女系天皇の容認可否をめぐる議論が日夜マスメディアを賑わす一方で、大韓帝国皇室の嫡流が属した王族の唯一の末裔が皇居の目の前でひっそりと最期を迎えたのである。

李玖の死で注目された開成高校の教頭

桃山虔一は美子と再婚後、さらに孝哉、まや、久美をもうけた。

孝哉は進学校で有名な開成高校の教頭になっている。彼が自身の出自を知ったのは一九九〇年一二月二一日に虔一が他界したときであった。それまでにある人から「あなたは李王家〔ママ〕の血筋だ」と聞かされたこともあったが、母が一笑に付して否定したため、信じなかったという。孝哉は両親が出自を秘密にした理由について「子供が過去のことを引きずって生きて行くのはマイナスだと考え、私を日本人として育てたのではないか」と述べている。

李玖の死去後、全州李氏の祭祀は李堈の孫李源《イウォン》が李玖の養子となって継承した。他方で大韓帝国皇族会という韓国の民間団体は李堈の庶子李海瑗《イヘウォン》を担ぎ上げて、李玖が亡くなった翌年九月にソウルのヒルトンホテルで第三〇代皇位継承者の戴冠式を執り行った。このとき注目されたのが、李源や李海瑗よりも直系に近い孝哉である。しかし彼は雑誌の取材で「自分が一〇〇%日本人だと思っている」「李王家のことや、最近の王位継承うんぬんは、私には何一つ関係のないことです」（『週刊新潮』二〇〇六年一〇月一九日号）と答えている。

松平佳子は明治天皇の御落胤《ごらくいん》を自称する橘《たちばな》天敬《てんけい》と一九七〇年頃から同棲するようになり、八四年六月に死別してからは新興宗教の真如苑で念仏を唱える日々を送った。天寿を全うし、二〇〇六年六月に数え九六歳で他界した。

李鍝公の未亡人朴賛珠は一九九五年七月に息を引き取った。二人の息子はともにアメリカに留学、長男の李清はミルウォーキーのマーケット大学を卒業するが、次男の李淙はブラウン大学在学中の一九六六年一二月に交通事故で亡くなっている。

宗武志に嫁いで華族となっていた徳恵は、新憲法の発布と同時に一般の日本人となった。一九五五年に離婚して梁徳恵となり、六二年一月二六日にソウル大学病院に入院するために特別機で羽田からソウルに渡ったのを機に韓国の国籍を取得している。初代李王妃尹氏の喪が明けた六八年秋に楽善斎に入り、一九八九年四月二一日、平素世話をしていた看護師二名に見守られて永眠した。

終章　帝国に在りて何を思う

「家」の維持のために

王公族の人々は、どのような思いを持って王公族の身分にあったのであろうか。いうまでもなく王公族には十人十色の考えがあったのであり、それを一つにまとめるのは容易ではない。ただし、特徴として次の二点が見出せるのではないだろうか。一つは、日本を嫌悪しつつも、李王家、李堈《りこう イガン》公家、李熹《りき イヒ》公家といったそれぞれの「家」を維持していくために日本への従属を致し方なしとする態度である。もう一つは、王公族の地位を自明のものとして受け入れ、皇族と同じ義務を果たそうとする姿勢である。

前者は、朝鮮王朝時代に生まれ、韓国併合を成人して迎えた李太王、李王、李堈公といった王公族の第一世代に見て取れる。韓国併合は名目上「合意」として成立した。帝国主義史観ではこの「合意」を、侵略を覆い隠すための方便と批判するだけで終わってしまう。しかし、大韓帝国皇室からみれば、統治権の喪失と引き換えに、併合交渉を経て「皇族の礼」という身分保障を獲得したのである。植民地化に切歯扼腕《せっしやくわん》しつつも、日本のなかに得た安泰を失うわけにはいかなかったといえよう。

たとえば李太王は、李垠《りぎん》《イウン》の妃として日本人を迎えるのはイヤだと思いながらも、皇族との姻戚関係は望むというアンビバレントな反応をみせた。この時点で王公族を「皇族の礼」で遇する根拠は冊立詔書しかなく、法的地位すら曖昧な状況だったため、李王家の最長老として皇族とのつながりを求めたとしても不思議ではない。

「家」の保持に異常な執着をみせたのは李王も同じだ。彼は火災によって昌徳宮から徳寿宮への移宮が提案されたときに、「天皇陛下から賜った昌徳宮だから動かぬぞ」と述べている。権藤四郎介李王職事務官によると、李王は併合時に賜った昌徳宮の「宮号」によって李王家の祭祀が保たれると信じていたからこのように発言したのだという。李王は昌徳宮に天皇の御真影を掲げていたし、日本の宮中三大節（紀元節、天長節、四方拝）の際には必ず大礼服で総督官邸を訪れ、天皇に祝辞を奉じていた。こうした過度に従順な態度から推察すると、権藤の解釈もあながち否定できない。

李堈公に関しては、「家」を守ろうとする行動はとっていないし、むしろ公族をやめて朝鮮貴族になりたいと述べていた。しかし、それは生活が保障されることを念頭に置いた発言であり、裸一貫で公族を離れる気があったわけではない。彼はただ李王職の干渉を排除したかったのである。

第2章で述べたとおり、李堈公は三・一独立運動直後に甘言に釣られて上海に連れ出されそうになった。事件を主導した大同団の一部の団員は逮捕後の取り調べで、李堈公はこのとき独立運動の首領になる意思があり、同意のうえでの行動だったと証言している。もちろん被疑者が自分たちの行動を正当化するために偽証している可能性があるので、額面どおりに受け取るわけにはいかない。実際、団員によっては証言が食い違っていた。しかし、仮に独立運動の首領になる意思があったというのが本当だったとしても、同時に李堈公はこれと正反対の行動もとっていた。皇室の行事に積極的に参加し、明治天皇が崩御したときには一年間喪章を付けて過ごすなど、「日韓合併を至当と考うる固き決心」をアピールしていたのである。李太王や李王と同じく、日本での立場を確固たるものとするための努力を怠っていなかったといえよう。

皇族に同化する第二世代

李垠、李鍵《りけん》《イゴン》公、李鍝《りぐ》《イウ》公は少年のときから日本人として過ごしており、成人してからは皇族と同じく軍務を生業としていた。彼ら王公族の第二世代は、第一世代のように安定のためとしてよりは、自明のこととして王公族の地位を受け入れ、皇族と同じ義務を果たそうとした傾向がある。たとえば李垠は一九四〇年頃に息子の李玖を書斎に呼び、次のように告げている。

私達王族は、日本の皇族の方々と同様、男子は特別身体の事情で陛下のお許しがある場合のほか、陸海軍いずれかの道を選ばなくてはならない。家庭教師にも言っておくから、どの道に行きたいか決めなさい。

（『英親王李垠伝』）

また、第4章でも触れたように、戦況が悪化したときには「陛下に申しわけがない。わが国の飛行機は、B29が飛行する高さまで飛んで行って体当りのできる飛行機も、人も、燃料も、なくなってきた」とさえ述べていた。戦後になっても皇室に対する態度は変わらず、終戦の翌年一月三〇日に行われた孝明天皇祭（新暦の命日）には、他の皇族が不参加のなか、高松宮宣仁親王と二人で律儀に参列している。李垠がいかに王族の身分に執着していたかについては、楢橋渡に滄浪閣を売り渡してしまったエピソードで紹介したとおりである。

李鍵公は特に皇族と親しくしており、同じ騎兵だった三笠宮、賀陽宮《かやのみや》、竹田宮とは月一回ずつ持ち回りで妃同伴の宴会を催す仲であった。それゆえ、回顧録のなかで「皇室の温情あふれる御態度を讃仰したい」と称賛する言葉を書き連ね、次のようにも述べている。

皇室は私たち一族を皇族と全く同じに取り扱われた。宮中の儀式と行事にはすべて皇族といっしょに参列した。公式上、すべてにわたって差をつけられることは何もなかった。それは日韓併合条約の忠実な履行に過ぎなかったのかも知れない。が、私はそれを

靖国神社臨時大祭，1940年　皇族と同列に並ぶ右端から李鍝公，李鍵公，李王垠．左端には秩父宮雍仁親王，その隣には三笠宮崇仁親王

長い歴史によって培われた日本皇室の美風の現れであると理解した。

（『朝鮮王朝の末裔』）

さらに、終戦直後には木戸幸一内大臣に書簡を送り、軍務は自分の「天職」であり、陸軍幼年学校のときから「身命を君国に捧げて来た」と告げていた。これは日本への帰化を認めてもらうための世辞にすぎなかったのかもしれない。しかし、李鍵公が明治天皇に心酔し、〝桃山〟に改名した事実を軽視すべきではない。彼は「今上陛下〔昭和天皇〕を人間として実に尊敬申〔し〕上げている」（『運命の朝鮮王家』）とも吐露し、天皇に対する想いをことさらに表現していたのである。

李鍝公はどうだろうか。兄の李鍵公によると、「弟は、私とちがってすべてに反抗的」で、「その日〔独立〕の来るのを、何にもまして待っていた」(「朝鮮王朝の末裔」)という。しかし、そのような李鍝公であっても、日本の軍人としての役割は忠実に遂行していた。第4章で紹介したとおり、李鍝公は一九三八年六月に千葉県で行った中隊教練で落馬し骨折した。このとき彼は軍務を優先し、救援に駆けつけた随行の中村正人中尉に中隊長代理となって任務を完遂するよう命じている。それゆえ、李鍝公はすぐには病院に搬送されず、近所の民家で応急処置を受け、一時間ほどしてようやく到着した車で陸軍病院に運ばれた。

皇族と同じ義務を果たしたのは彼らの妃(方子、誠子、賛珠)も同じであった。賛珠は、結婚直後に愛国婦人会、東京慈恵会、日本赤十字社、陸海軍将校婦人会から名誉会員就任の要請を受け、承諾している。陸海軍将校婦人会は総裁に有栖川宮妃慰子《やすこ》や東伏見宮妃周子《かねこ》ら皇族を推戴する組織であり、方子や誠子も名誉会員であった。

一九四三年には皇族妃とともに王公族妃も「銃後の国民」を激励するために地方を視察した。方子と賛珠が訪れた函館では「宮様の日」を設定し、堀川、高盛、宇賀浦の三町内に「宮様の道」を設けて街路樹を植える計画まで進めていた。国民もまた、王公族を皇族と同一視していたのである。

朝鮮人たちの思い——復辟の可能性

では、朝鮮人は王公族に対してどのような思いを抱いていたのだろうか。より具体的にいえば、独立後に李垠が朝鮮の君主として支持される可能性はあったのだろうか。

まず右派陣営では、昭和天皇暗殺の嫌疑で獄中生活を送っていた朴烈《パクヨル》が、終戦で釈放されるとすぐに李垠にあいさつに来ている。秘書の趙重九《チョジュング》によると、李垠に対してとても礼儀正しく誠意があり、その後も「好い関係」が築けたという。

左派陣営の在日本朝鮮人連盟の幹部も李垠を排除するという考えを持っていたわけではない。彼らは李垠について、「政治的には指導者として欠格であるが、軍人として長い間教育を受けたことだし、戦時中も航空軍司令官とか東部軍司令官を歴任したのだから、将来新国家の国軍の首脳として貢献してもらう道もあるだろう」という意見を趙重九との会見で述べていた。ただし、これを聞いた趙重九は「それらの歴任した地位が実力によるというならいざしらず、朝鮮人を動員するための政治的ロボットだったことや、又李王〔垠〕自ら易者なしには何一つ決断できない意志薄弱な人物で、軍の首脳など適任とも思わない」（「王家の終焉」）と否定的であった。

新政権の樹立と李垠を結びつけようとしたのは在日の団体だけではない。終戦直後から李王家には朝鮮各地から直訴状が届いていた。それらはどれも「祖国のため一日も早く王殿下の御還国をお待ち申す」（同前）という内容であったという。

いまとなっては正確な状況を知りようもないが、儒学者などの保守層の間では李垠待望論が少なからずあったのではないかと思う。それを表す会話が終戦直後の一九四六年に李泰《イテ》

俊《ジュン》が朝鮮で発表した小説『해방《解放》 전후《前後》』に書かれている。それを最後に紹介しよう。

舞台は朝鮮の独立が目前に迫った頃の江原道。いまだに髷《まげ》を結っている老儒学者金《キム》が、隠遁生活を送る文学者玄《ヒョン》に、以前ソウルで聞いたという新国家の国号案について質問するシーンである。

金「国号は高麗国とおっしゃったかの」

玄「高麗民国だそうです」

金「どうして高麗としたのでしょうな」

玄「海外では朝鮮や大韓よりは高麗の方がよく知られているからのようですね。金直員は何がいいですか」

金「国号なんかどうでも。早く独立にでもなればいいですわい。それでも、どうせなら、わしらには大韓がよいかな」

玄「大韓！　李朝末になって国が亡びるときにしばらく付けた名前じゃありませんか」

金「そうですな。新羅や高麗と同じように、いっとき朝廷が定めた名前です」

玄「それなら今はもう李王時代ではないのですから、大韓は無意味ではありませんか。しばし現れては消える国名など、今おっしゃったとおり、そのときそのときの朝廷や国王が勝手に付けるものですし、昔からわが民族の名前は朝鮮だったではないですか」

金「まったくそのとおり。史記にも古朝鮮とか衛氏朝鮮とか、しきりに朝鮮という名が出てくるらしいな。じゃがな、わしは以前のとおり、国号も大韓、国王も英親王〔李垠〕を推戴し、王妃も朝鮮人からお迎えして全州李氏王朝を再興したいんじゃ」

玄「前朝がそんなにも恋しいですか」

金「それだけじゃない。わしらみたいな匹夫が〝二君に仕えず〟というわけじゃなく、野蛮な倭人の目の前で大韓をそのまま復活し、奴等に仕返しせにゃならんじゃろ」

玄「今度はあなたが日本へ行って総督をやってみようというわけですか」

といって二人は愉快に笑った。

あとがき

私が王公族を研究するようになったのは、子どもの頃から帝国に強い関心を持っていたからだと思う。だが、それは帝国主義批判などといった〝高尚〟なものではない。きっかけは幼少期にゾイドという模型をクリスマスプレゼントに買ってもらったことにある。

この玩具は動物を模した兵器型のロボットで、共和国軍と帝国軍が対立するという架空のストーリーまで用意されていた。私は可動式の模型に興奮しつつ、親に「きょーわこくって何？　てーこくって何？」と質問した。「共和国はみんなで話し合って決める国。帝国は一人で決める国」といったニュアンスの回答があったとおぼろげながら記憶している。「一人」というのは「みんな」の対義語であると同時に、皇帝という特別な存在を表していたのだろう。的の中心を射ているわけではないが、大きく外れてもいない。もしこのとき帝国主義のイメージで「共和国はイイもん。帝国はワルもん」と適当にあしらわれていたならば、帝国軍のゾイドを手にした私が帝国に興味を持つことなどなかったはずだ。

中学校、高校と進学し、世界史を習うようになった。ところが、教科書に出てくる帝国は

「みんな」か「一人」かは関係なく、軍事力で他国を侵略する帝国主義の国家であった。幼少期から親近感を持っていた帝国と教科書に書かれた帝国、二つの帝国のギャップはもやもやとした疑問として心の片隅にあり続けた。

大学に入ってからは哲学のゼミを選択してヘーゲルの国家論を学び、大学院に進学してからは観念論と訣別《けつべつ》して王公族を題材に韓国併合の歴史を研究するようになった。皇帝の国と帝国主義の国、二つの帝国を同時に研究できるからである……としてしまえば話のまとまりはよいが、結果論でしかない。そのようなビジョンを描く能力など当時の私にはなかった。ただし、近代性論や社会史といった植民地研究の流行に目もくれず、天皇と大韓帝国皇帝の関係に着目したのは、心のどこかに「帝国とは何か」という問いがあったからだと思う。日本を「日帝」（日本帝国主義）と表現し、無条件に思想上のある特定の概念をあてはめて議論を展開するような古典的研究に違和感を抱いたのもそれが原因であろう。

*

王公族は日本だけでなく韓国でもほとんど研究されていない。その理由を韓国人に尋ねると、たいがい「王室に関心がないから」という答えが返ってくる。しかし、韓国の歴史ドラマの多くは国王が主役であるか、宮中が舞台である。王室に関心がないわけではないだろう。政府行政機関の一部を移転して二〇一二年に発足した都市の名称も、朝鮮王朝第四代国王の廟号からとった「世宗特別自治市」である。

私は前著『天皇の韓国併合』において、①旧大韓帝国皇帝が「亡国」を招いた張本人と見なされたことと、②植民地期の研究が民衆に重きを置いて進められたことの二点を、王公族が韓国人の関心を引かない理由としてあげた。しかし、①に関しては撤回したい。むしろ（それが正しいかどうかは別として）、二一世紀に入ってから、盧武鉉《ノムヒョン》大統領が進めた親日反民族行為者の洗い出し調査で、李太王、李王、李垠といった旧大韓帝国皇室の嫡流がリストアップされていれば、王公族もそれなりに研究されたと考えるからだ。なお、韓国で「親日」は対日協力者、売国奴を意味する。

『万葉集』には蝶《ちょう》を題材にした歌が一つも収録されていないという。真偽のほどは定かではないが、当時の人々が薬にも毒にもならない蝶に心惹《ひ》かれなかったからだという話を聞いたことがある。もしかしたら韓国人にとって王公族、特に王族（李王家）はそうした存在なのかもしれない。薬は「抗日」、毒は「親日」である。

王族の人間は親日反民族行為者と見なされなかったが、傍系である公族の李熹公と李埈公は親日反民族行為者としてリストに名が刻まれた。御前会議で韓国併合条約の調印に同意した李熹公が親日反民族行為者となる一方で、条約調印を許可した張本人である李王がリストからもれた理由はよくわからない。とにかく、公族の二人に限っては『親日反民族行為真相糾明報告書』や『親日人名事典』で比較的詳細な経歴を目にすることができる。また、李太王のようにハーグ密使事件などで抗日的な運動を展開した人物については、韓国併合以前に限って研究されている。抗日か親日に該当すれば関心を引くのであろう。

最近では抗日を白、親日を黒とし、白と黒が交差するグレーゾーンに属した人々に着目する研究も少なくない。ただし、そのグレーも白と黒を評価基準とし、二つを混ぜ合わせることで抽出した色であることに違いはない。本書では日本と朝鮮、宗主国と植民地という対立項ではなく、帝国《みかどのくに》日本という枠組みのなかで王公族という身分を通して、白や黒では出せない色合いで歴史を描こうと試みた。その際に留意したのは、王公族を主体と客体の両面から叙述することである。前著では統治者側の視点に偏り、王公族を客体としてしか扱えなかったが、本書では帝国日本のなかで家を維持する苦悩、身分にしがみつく必死さ、骨肉の争いなど、王公族の視点にも立って叙述するよう努めた。

＊

二〇一一年一一月、わざわざ福岡まで足を運んでくださった編集部の白戸直人さんから王公族を主題とする本の刊行を勧めていただいた。

何とか三年で原稿を完成できたのは、翌年四月に新潟大学に赴任したことが大きい。菅原陽心（前）研究科長と関尾史郎（現）研究科長に十分な研究スペースと時間を与えていただくとともに、多くの先生方から貴重な情報を入手できたからである。夏目漱石が関東大水害の様子を記していることは人文学部の原直史先生に、皇穹宇の天井に七爪の龍が描かれていることは法学部の真水康樹先生に教えていただいた。また、『承政院日記』を調べたいときは人文学部の山内民博先生に貸していただき、『朝鮮』などの雑誌類や統監府の統計資料は研究室の階下にある井村哲郎先生の文庫で閲覧することができた。

日本学術振興会（若手研究〈B〉課題番号：24720297/26770218）、三島海雲記念財団、三菱財団の助成により、東京や各地方に出張して史料を大量に入手できたことも研究が進捗《しんちょく》した大きな要因である。史料の閲覧や複写でもっともお世話になったのは宮内庁宮内公文書館だろう。煩わしい質問にも丁寧に対応してくださり、快適に調査を進めることができた。

小此木政夫先生に推薦していただき、日韓文化交流基金の派遣フェローシップで一ヵ月間ソウルに滞在して史料調査できたことも記しておきたい。訪問研究員として受け入れてくださったのはソウル大学奎章閣の朴泰均《パクテギュン》先生である。落星岱経済研究所の李栄薫《イヨンフン》先生と朴煥珷《パクファンム》先生には貴重な史料を閲覧させていただいた。

紙幅の関係ですべてのお名前を記せないが、多くの方々の支えで本書を刊行することができた。皆様に心から御礼申し上げたい。

最後に、妻いつほへ一言。献身的なサポートと笑顔をいつもありがとう。

二〇一四年一〇月

新城 道彦

参考文献

全章にわたるもの

『王公族譜』(宮内庁宮内公文書館所蔵)
『王公族録』(宮内庁宮内公文書館所蔵)
『李熹公実録』(宮内庁宮内公文書館所蔵)
『李熹公実録資料』(宮内庁宮内公文書館所蔵)
『李埈公実録』(宮内庁宮内公文書館所蔵)
『李埈公実録資料』(宮内庁宮内公文書館所蔵)
『李太王実録』(宮内庁宮内公文書館所蔵)
『李太王実録資料』(宮内庁宮内公文書館所蔵)
五味均平編『朝鮮李王公家取調書』(早稲田大学図書館所蔵)
権藤四郎介『李王宮秘史』(朝鮮新聞社、一九二六年)
井原頼明『皇室事典』(冨山房、一九三八年)
李王職編『昌徳宮李王実記』(一九四三年)
李王職編『徳寿宮李太王実記』(一九四三年)
桃山虔一「運命の朝鮮王家――もと李鍵公殿下の記録」(『文藝春秋』一九五一年九月号)
桃山佳子「雑草の中に生きて愛して」(『婦人倶楽部』第四二巻第九号・第一〇号・第一二号・第一四号、一九六一年)
李鍵公「朝鮮王朝の末裔――日韓併合と日韓条約の谷間で」(『文藝春秋』一九六五年一二月特別号)
『李朝実録』第五六冊(学習院大学東洋文化研究所、一九六七年)
李方子『動乱の中の王妃』(講談社、一九六八年)
李王垠伝記刊行会『英親王李垠伝――李王朝最後の皇太子』(共栄書房、一九七八年)
原奎一郎編『原敬日記』(福村出版、一九八一年)
李方子『流れのままに』(啓佑社、一九八四年)
『宮内省省報』(ゆまに書房、一九九九年)
『朝鮮人名資料事典』(日本図書センター、二〇〇二年)
秦郁彦編『日本近現代人物履歴事典』(東京大学出版会、二〇〇二年)
秦郁彦編『日本陸海軍総合事典』(東京大学出版会、二〇〇五年)
倉富勇三郎日記研究会編『倉富勇三郎日記』第一巻・第二巻(国書刊行会、二〇一〇年・二〇一二年)
新城道彦『天皇の韓国併合――王公族の創設と帝国の葛藤』(法政大学出版局、二〇一一年)
『京城日報』
『東京朝日新聞』
『読売新聞』

序章

統監府編『韓国条約類纂』(一九〇八年)
浜田真名二「大日本の国号」(『駒沢地歴学会誌』第二号、一九三九年三月)
レーニン著、川内唯彦訳「資本主義の最高段階としての帝国主

義」(『世界の大思想』第二三巻、河出書房新社、一九六九年)
長谷川伸「昭和初期国号及び元首の称号統一に関する一考察」(『法政史学』第四四号、一九九二年三月)
国学振興研究事業運営委員会編『致斎日記』(韓国精神文化研究院、一九九四年)
木村凌二・鶴間和幸「帝国と支配——古代の遺産」(『岩波講座世界歴史』第五巻、岩波書店、一九九八年)
吉村忠典『古代ローマ帝国の研究』(岩波書店、二〇〇三年)
幸徳秋水『帝国主義』(岩波書店、二〇〇四年)
国学振興研究事業推進委員会編『예천 맛질 朴氏家 日記』第四巻日記篇(韓国学中央研究院、二〇〇六年)

第1章

『漢城新聞』
『韓国往復書類　自明治三十九年至同四十三年』(宮内庁宮内公文書館所蔵)
「韓国併合ニ関スル閣議決定書・其三」(『韓国併合ニ関スル書類』国立公文書館所蔵)
『韓国併合ニ関スル書類　発電』『韓国併合ニ関スル書類　着電』(国立公文書館所蔵)
『皇帝譲位前後の重要日記』(韓国学中央研究院蔵書閣所蔵)
宋秉畯『韓帝渡日譲国ノ議』(国立公文書館所蔵)
「対韓施設綱領」(『目賀田家文書』第一〇号、国立公文書館所蔵)
『勅使朝鮮差遣録』(宮内庁宮内公文書館所蔵)
「李王職財政整理大要」(『斎藤実文書』国立国会図書館憲政資料室所蔵)
「第一回日露協商一件」「海牙平和会議へ韓帝密使派遣一件」「日韓協約締結一件(韓帝譲位一件)」(外務省編『日本外交文書』第四〇巻第一冊)
統監府編『統監府統計年報』第一~四次(一九〇八~一九一一年)
旭邦「韓太子の東北巡遊」(『朝鮮』第四巻第一号、朝鮮雑誌社、一九〇九年九月)
末松謙澄編『伊藤公国葬余韻』(東京国文社、一九一〇年)
寺内正毅「韓国併合始末ノ件」(『公文雑纂』第一九巻、一九一〇年、国立公文書館所蔵〈海野福寿編『韓国併合始末関係資料』不二出版、一九九八年〉)
趙重応「朝鮮人の要求」(『朝鮮』第三一号、朝鮮雑誌社、一九一〇年九月)
兪吉濬「先ず斯民を富ませよ」(『朝鮮』第三一号、朝鮮雑誌社、一九一〇年九月)
難波可水「東京の合邦祝ひ」(『朝鮮』第三二号、朝鮮雑誌社、一九一〇年一〇月)
峯玄光編『伝道』第一四六号(鴻盟社、一九一〇年一一月)
旭邦生「宋秉畯氏と語る」(『朝鮮』第四四号、朝鮮雑誌社、一九一一年一〇月)
村上浩堂・後藤黙童『亡国秘密　なみだか血か』(東京堂、一九一四年)
朝鮮総督府編『朝鮮施政ノ方針及実績』(一九一五年)
朝鮮駐箚軍司令部『朝鮮駐箚軍歴史』(一九一六年、防衛省防衛研究所所蔵)
朝鮮総督府編「朝鮮ノ保護及併合」(一九一八年〈『韓国併合史研究資料』第二巻、龍溪書舎、一九九五年〉)
末松謙澄『修養宝鑑明治両陛下聖徳記』(吉川弘文館、一九一八

年）
黒田甲子郎編『元帥寺内伯爵伝』（元帥寺内伯爵伝記編纂所、一九二〇年〈大空社、一九八八年〉）
小松緑『朝鮮併合之裏面』（中外新論社、一九二〇年）
松本信広「社稷の研究」（『史学』第二巻第一号、一九二三年一一月）
小森徳治『明石元二郎』上巻（台湾日日新報社、一九二八年〈原書房、一九六八年〉）
「朝鮮貴族保護資金令（制令案）並に朝鮮貴族保護施設概要」（『昭和財政史資料』第五号、一九二八年、国立公文書館所蔵）
西四辻公堯『韓末外交秘話』（一九三〇年）
三上豊『典圜局回顧録』（一九三二年、稿本）
小松緑『明治外交秘話』（千倉書房、一九三六年）
春畝公追頌会『伊藤博文伝』（春畝公追頌会、一九四〇年）
大蔵省主計局内財政調査会『国の予算』（柏葉社、一九五〇年）
倉知鉄吉『韓国併合の経緯』（外務大臣官房文書課、一九五〇年〈『明治人による近代朝鮮論影印叢書』第一六巻、ぺりかん社、一九九七年〉）
『内村鑑三著作集』第一九巻（岩波書店、一九五四年）
『李光洙全集』第一三巻（三中堂、一九六二年）
山県有朋「朝鮮政策上奏」（大山梓編『山県有朋意見書』原書房、一九六六年）
朝鮮総督府『朝鮮総督府施政三十年史』（名著出版、一九七二年）
森克己「誤られた伊藤博文」（『日本歴史』第二九六号、一九七三年一月）
平田賢一「「朝鮮併合」と日本の世論」（『史林』第五七巻第三号、一九七四年五月）
宮内庁編『明治天皇紀』第一一巻（吉川弘文館、一九七五年）
「伊藤特派大使内謁見始末」「韓国皇帝御希望趣意書」（市川正明編『韓国併合史料』第一巻、原書房、一九七八年）
山本四郎編『寺内正毅日記――一九〇〇～一九一八』（京都女子大学、一九八〇年）
奥村周司「高麗の外交姿勢と国家意識――「仲冬八関会議」および「迎北朝詔使儀」を中心として」（歴史学研究会編『民衆の生活・文化と変革主体』青木書店、一九八二年）
山本四郎編『西原亀三日記』（京都女子大学、一九八三年）
岡安勇「中国古代史料に現われた席次と皇帝西面について」（『史学雑誌』第九二巻第九号、一九八三年九月）
奥村周司「使節迎接礼より見た高麗の外交姿勢――十一、二世紀における対中関係の一面」（『史観』第一一〇冊、一九八四年三月）
夏目漱石『思ひ出す事など』（岩波書店、一九八六年）
日野市企画財政部編『五十子敬斎日記　明治四十三年』（企画課市史編さん係、一九八六年）
森山茂徳『近代日韓関係史研究』（東京大学出版会、一九八七年）
中浜明編『中浜東一郎日記』第三巻（冨山房、一九九三年）
長井純市編『渡辺千秋関係文書』（山川出版社、一九九四年）
海野福寿『韓国併合』（岩波新書、一九九五年）
海野福寿編『日韓協約と韓国併合』（明石書店、一九九五年）
「王公族及朝鮮貴族ニ関スル資料」（水野直樹編『戦時期植民地統治資料』第三巻、柏書房、一九九八年）
木村幹『朝鮮／韓国ナショナリズムと「小国」意識』（ミネルヴァ書房、二〇〇〇年）
風見明『相撲、国技となる』（大修館書店、二〇〇二年）

黒川雄三『近代日本の軍事戦略概史』（芙蓉書房出版、二〇〇三年）
海野福寿『伊藤博文と韓国併合』（青木書店、二〇〇四年）
原田環「第二次日韓協約調印と大韓帝国皇帝高宗」（『青丘学術論集』第二四集、二〇〇四年四月）
広畑研二『水平の行者　栗須七郎』（新幹社、二〇〇六年）
伊藤之雄『伊藤博文――近代を創った男』（講談社、二〇〇九年）
伊藤之雄『山県有朋――愚直な権力者の生涯』（文藝春秋、二〇〇九年）
伊藤之雄・李盛煥編『伊藤博文と韓国統治――初代韓国統監をめぐる百年目の検証』（ミネルヴァ書房、二〇〇九年）
加藤陽子『それでも日本は「戦争」を選んだ』（朝日出版社、二〇〇九年）
小川原宏幸『伊藤博文の韓国併合構想と朝鮮統治――王権論の相克』（岩波書店、二〇一〇年）
滝井一博『伊藤博文――知の政治家』（中央公論社、二〇一〇年）
福永文夫・下河辺元春編『芦田均日記 1905－1945』第一巻（柏書房、二〇一二年）
森山茂徳・原田環編『大韓帝国の保護と併合』（東京大学出版会、二〇一三年）
新城道彦「近代国際条約としての韓国併合と前近代の礼観念――王冊立における席次」（『新潟史学』第七〇号、二〇一三年一〇月）
山中永之佑「「韓国併合」と皇族・華族制度の変容――「一九一〇年体制論」の意義」（『阪大法学』第六三巻第三・四号、二〇一三年一一月）

第2章
『韓国日報』
「王公家軌範案要綱」（『平沼騏一郎文書』国立国会図書館憲政資料室所蔵）
「王公家軌範審査委員会筆記（五月～六月）」（『枢密院委員録・大正七年・巻別冊』国立公文書館所蔵）
「王公族審議会資料」（『篠田治策文書』スタンフォード大学フーバー研究所所蔵）
『王公族譜録　自昭和五年至昭和十五年』（宮内庁宮内公文書館所蔵）
『王族李徳恵御婚嫁書類』（宮内庁宮内公文書館所蔵）
『公族李辰琬殿下御婚嫁書類』（宮内庁宮内公文書館所蔵）
「児玉秀雄書翰」（『寺内正毅文書』国立国会図書館憲政資料室所蔵）
『男爵小原駩吉氏談（大正7年10月27日　李王家婚儀の件に付）』（宮内庁宮内公文書館所蔵）
『朝鮮貴族名簿』（宮内庁宮内公文書館所蔵）
『朝鮮貴族履歴書』（宮内庁宮内公文書館所蔵）
「朝鮮国王族義和宮及李埈鎔洋行ノ件」「韓国皇族義和宮及李埈鎔ニ関スル件」「韓国皇族義和宮及李埈鎔進退ニ関スル件」「韓国人李埈鎔謀殺未遂事件」「韓国関係雑纂」（『日本外交文書』第三〇巻・第三二巻・第三三巻・第三五巻・第三八巻第一冊）
『寺内統監上奏書』（宮内庁宮内公文書館所蔵）
「李王家に関する事ども」「李堈一身上につき陳情書」「李堈一身上につき陳情懇願」「李堈公殿下動静報告」「総督・李堈公会見始末」「李堈公に関する書類」（『斎藤実文書』国立国会図書館憲政資料室所蔵）

『李王家博物館所蔵品写真帖』（宮内庁宮内公文書館所蔵）
『李王御上京録』（宮内庁宮内公文書館所蔵）
『李鍝公殿下御結婚書類』（宮内庁宮内公文書館所蔵）
『李鍵公殿下御結婚書類』（宮内庁宮内公文書館所蔵）
『両公家公族譜資料』（韓国学中央研究院蔵書閣所蔵）
伊藤博文『帝国憲法 皇室典範義解』（国家学会蔵版、一八八九年）
Lillias H. Underwood, *Fifteen years among the top-knots or Life in Korea*, American tract society, 1904.
「韓皇后陛下の日語御学習」（『朝鮮』第一巻第三号、日韓書房、一九〇八年五月）
大村友之丞編『朝鮮貴族列伝』（朝鮮総督府印刷局、一九一〇年〈韓国学文献研究所編『旧韓末日帝侵略史料叢書13－社会篇4』亜細亜文化社、一九八五年〉）
末松熊彦「朝鮮の古美術保護と昌徳宮博物館」（『朝鮮及満洲』第六九号、一九一三年四月）
小宮三保松「昌徳宮と殿下の御平生」（『朝鮮及満洲』第八一号、一九一四年四月）
一記者「薨去されし李太王殿下の御平生」（『満洲及朝鮮』第一四〇号、一九一九年二月）
篠田治策「王公家軌範に就て」（朝鮮総督府編『朝鮮』第一四一号、一九二七年二月）
有馬純吉『朝鮮紳士録』（朝鮮紳士録刊行会、一九三一年）
杉村濬『明治廿七八年在韓苦心録』（杉村陽太郎、一九三二年、非売品）
李王職『昌慶苑案内』（一九三四年）
「前件落着」「大院君来館談話筆記」「大院君李埈鎔隠謀暴露権設裁判所開廷顛末」「李埈鎔来訪談話筆記」（伊藤博文編『秘書類纂』第二三巻、秘書類纂刊行会、一九三六年、非売品）
朝鮮行政編輯総局編『朝鮮統治秘話』（帝国地方行政学会、一九三七年）
小田省吾『徳寿宮史』（李王職、一九三八年）
晨亭会『伯爵伊東巳代治』下巻（晨亭会、一九三八年）
西邑木一『華族大鑑』（華族大鑑刊行会、一九三九年〈『日本人物叢書』第七巻、日本図書センター、一九九〇年〉）
菊池謙譲『近代朝鮮史』下巻（大陸研究所、一九四〇年）
栗原広太『明治の御宇』（四季書房、一九四一年）
『京城府史』第三巻（京城府、一九四一年〈湘南堂書店、一九八二年〉）
閔甲完『百年恨』（文宣閣、一九六二年）
新田隆信「王公族の法的地位と法律第83号——明治憲法体制に関する一つの覚え書」（『富大経済論集』第九巻第二号、一九六三年七月）
下郡山誠一ほか「座談会 李王家の蒐集について」（『やきもの趣味』第二巻・第三巻、一九六四年四月・五月）
伊東巳代治「翠雨荘日記」（小林龍夫編『明治百年史叢書』第八巻、原書房、一九六六年）
金光「尹氏の死と李王家の終焉」（『親和』第一四八号、一九六六年）
『承政院日記（高宗篇）』（国史編纂委員会、一九七〇年）
金乙漢『人間李垠——解放에서 還国까지』（韓国日報社、一九七一年）
田保橋潔『朝鮮統治史論稿』（成進文化社、一九七二年）
宮内庁編『明治天皇紀』第八巻・第九巻（吉川弘文館、一九七三

年）
梨本伊都子『三代の天皇と私』（講談社、一九七五年）
「魚潭少将回顧録」（市川正明編『日韓外交史料』第一〇巻、一九八一年）
李基東『悲劇의 軍人들——日本陸軍出身의 歷史』（一潮閣、一九八二年）
高久嶺之介「大正期皇室法令をめぐる紛争（上）（下）」（『社会科学』第三二号・第三四号、一九八三年二月・一九八四年三月）
枢密院『枢密院会議議事録』第二〇巻（東京大学出版会、一九八五年）
金用淑『朝鮮朝宮中風俗研究』（一志社、一九八七年）
相馬雪香『心に懸ける橋——おせっかいやきの「雪香」さん』（世論時報、一九八七年）
「大同団事件Ⅰ」「大同団事件Ⅱ」（国史編纂委員会編『韓民族独立運動史資料集』第五巻・第六巻、国史編纂委員会、一九八八年）
小田部雄次『梨本宮伊都子妃の日記——皇族妃の見た明治・大正・昭和』（小学館、一九九一年）
本田節子『朝鮮王朝最後の皇太子妃』（文藝春秋、一九九一年）
島善高「大正七年の皇室典範増補と王公家軌範の制定」（『早稲田人文自然科学研究』第四九号、一九九六年三月）
伊東巳代治「皇室制度再査議」「調査着手ノ方針」（小林宏・島善高編『明治皇室典範（下）』日本立法資料全集17、信山社出版、一九九七年）
本馬恭子『徳恵姫——李氏朝鮮最後の王女』（葦書房、一九九八年）
山田一広『マスカルの花嫁——幻のエチオピア王子妃』（朝日新聞社、一九九八年）
金英達「朝鮮王公族の法的地位について」（『青丘学術論集』第一四集、一九九九年三月）
坂元真一「조선왕실 자손들과 그 대한민국 국적——왕공족의 법적신분과 그 등록을 중심으로」（『서울국제법연구』第六巻第一号、一九九九年）
宋起炯「창경궁박물관 또는 李王家박물관의 연대기」（『역사교육』第七二号、一九九九年）
신복룡『대동단실기』（도서출판선인、二〇〇三年）
한영우선생정년기념논총 간행위원회 엮음『63인의 역사학자가 쓴 한국사 인물 열전』第三巻（돌베개、二〇〇三年）
河原敏明『昭和の皇室をゆるがせた女性たち』（講談社、二〇〇四年）
都倉武之「朝鮮王族義和宮留学と福沢諭吉」（『近代日本研究』第二二号、二〇〇五年）
정범준『제국의 후예들——대한제국 후예들의 삶으로 읽는 한반도 백년사』（황소자리、二〇〇六年）
佐野真一『枢密院議長の日記』（講談社、二〇〇七年）
木村幹『韓国現代史——大統領たちの栄光と蹉跌』（中央公論新社、二〇〇八年）
原田敬一『日清戦争』（吉川弘文館、二〇〇八年）
福富哲『無窮花——最後の朝鮮王朝皇太子妃・甲完』（駒草出版、二〇〇八年）
千田稔『華族総覧』（講談社、二〇〇九年）
李昇燁「李太王（高宗）毒殺説の検討」（『二十世紀研究』第一〇号、二〇〇九年）
小倉慈司・山口輝臣『天皇と宗教』（講談社、二〇一一年）

月脚達彦『福沢諭吉と朝鮮問題――「朝鮮改造論」の展開と蹉跌』（東京大学出版会、二〇一四年）

第3章

「有賀啓太郎資料」一四（佐賀県立名護屋城博物館所蔵）
『故大勲位李王国葬書類』第一～五巻（国立公文書館所蔵）
『故李太王国葬書類』上中下（国立公文書館所蔵）
『実録編修録　自大正五年至大正十年』（宮内庁宮内公文書館所蔵）
『進退録　自大正十五年至昭和六年』（宮内庁宮内公文書館所蔵）
「第八回実録編纂委員会々録」（韓国学中央研究院蔵書閣所蔵）
「朝鮮共産党事件ニ関スル調査書送付ノ件」（『密大日記』防衛省防衛研究所所蔵）
「閔李王職長官尹賛侍長等の辞職辞爵並に尹沢栄侯の辞爵決意の動機李大王毒殺説について」「李王家に関する事ども」（『斎藤実文書』国立公文書館所蔵）
「李王殿下薨去ニ際シ元帥ノ礼遇ニ関スル件」（『大日記乙輯』防衛省防衛研究所所蔵）
『李熹公従宦録』（宮内庁宮内公文書館所蔵）
『李熹公譜略』（宮内庁宮内公文書館所蔵）
『李埈公従宦録』（宮内庁宮内公文書館所蔵）
『李埈公譜略』（宮内庁宮内公文書館所蔵）
朝鮮総督官房庶務部調査課『朝鮮の独立思想及運動』（一九二四年）
釈尾東邦『朝鮮併合史』（朝鮮及満洲社、一九二六年）
「李王殿下御薨去に関する彙報」（朝鮮総督府編『朝鮮』第一三三号、一九二六年六月）
小田省吾「李王職の実録編纂事業に就て」（『青丘学叢』第一三号、一九三三年）
朝鮮総督府中枢院「朝鮮旧慣制度調査事業概要」（一九三八年〈『韓国併合史研究資料』第九三巻、龍渓書舎、二〇一一年〉）
姜徳相編『現代史資料 朝鮮（一）』第二五巻（みすず書房、一九六六年）
朝鮮憲兵司令部編『大正八年朝鮮騒擾事件状況』（巌南堂書店、一九六九年）
『高宗純宗実録』上中下（探求堂、一九七一年）
週刊朝日編『値段の明治大正昭和風俗史』（朝日新聞社、一九八一年）
週刊朝日編『続・値段の明治大正昭和風俗史』（朝日新聞社、一九八一年）
『帝国議会貴族院議事速記録』第三五巻（東京大学出版会、一九八一年）
『帝国議会衆議院議事速記録』第三五巻（東京大学出版会、一九八二年）
市川正明編『三・一独立運動』第一～三巻（原書房、一九八三～一九八四年）
康成銀「三・一運動における「民族代表」の活動に関する一考察」（『朝鮮学報』第一三〇輯、一九八九年一月）
임민혁「高・純宗의 号称에 관한 異論과 왕권의 정통성――廟号・尊号・諡号를 중심으로」（『사학연구』第七八号、二〇〇五年六月）
松沢克行「「天皇皇族実録」の編修事業について」（『史境』第五三号、二〇〇六年九月）
宇都宮太郎関係資料研究会編『日本陸軍とアジア政策　陸軍大将

宇都宮太郎日記』第三巻（岩波書店、二〇〇七年）
宮内庁書陵部編修課編『宮内省の編纂事業』（宮内庁書陵部、二〇〇七年）
永島広紀「『朝鮮王朝儀軌』とは果たして何か?」（NHK取材班編『朝鮮王朝「儀軌」百年の流転』NHK出版、二〇一一年）
中見立夫「学習院における「東洋学」の形成と資料収集・出版をめぐって」（『東洋文化研究』第一六号、二〇一四年三月）

第4章

『木戸幸一文書』（国立国会図書館憲政資料室所蔵）
『旧王公族録』（宮内庁宮内公文書館所蔵）
萩原徹「王公族の殊遇について」（『幣原平和文庫』国立国会図書館憲政資料室所蔵）
「平和条約に伴う朝鮮人台湾人等に関する国籍及び戸籍事務の処理について」（国立公文書館所蔵）
「李王垠殿下ノ御勤務地ノ件」（『密大日記』防衛省防衛研究所所蔵）
「李王同妃両殿下欧洲御視察ノ件」（『大日記乙輯』防衛省防衛研究所所蔵）
『李鍝公殿下薨去一件書類』（宮内庁宮内公文書館所蔵）
篠田治策『欧洲御巡遊随行日記』（大阪屋号書店、一九二八年）
『李王同妃両殿下御渡欧日誌』（李王職、一九二八年）
野依秀市『筆は劔よりも強し』（秀文閣書房、一九三六年）
「カメラ探訪宮様商売告知板」（『真相』一九四八年六月号）
桃山佳子「皇籍を離れて…お菓子屋さんになった私」（『主婦と生活』第四巻第一号、一九四九年一月）
山口喜久一郎『欧米旅抄』（東京書房、一九五八年）
『二九期会報第一一号　李王様特集』（一九六四年）
金光「尹氏の死と李王家の終焉」（『親和』第一四八号、一九六六年）
東久邇稔彦『東久邇日記——日本激動期の秘録』（徳間書店、一九六八年）
読売新聞社編『昭和史の天皇』第四巻（読売新聞社、一九六八年）
竹田恒徳『菊と星と五輪——皇族からスポーツ大使へ』（ベースボール・マガジン社、一九七七年）
李玖「李王朝の祭」（『太陽』第一七二号、一九七七年八月）
石橋恒喜『昭和の反乱——三月クーデターから二・二六事件まで』下巻（高木書房、一九七九年）
木戸幸一『木戸幸一日記』下巻（東京大学出版会、一九八〇年）
長重九「王家の終焉」（『友邦』一九八一年二月〜八二年四月）
「チャリティ事業に李方子さま東奔西走」（『友邦』一九八二年一月）
「自称「明治天皇のご落胤」「詐欺」で訴えられた李王朝の末裔」（『FOCUS』一九八四年六月一五日・二九日号）
佐藤和正『太平洋海戦　決戦篇』（講談社、一九八八年）
長谷川伝次郎『蘇る大和の仏像』（東京経済、一九八九年）
小田部雄次『梨本宮伊都子妃の日記——皇族妃の見た明治・大正・昭和』（小学館、一九九一年）
霞会館華族家系大成編輯委員会編『平成新修旧華族家系大成』（吉川弘文館、一九九六年）
桃山虔一『わが青春の車たち——二つの大戦の間の自動車』（内山工房、一九九六年）
高松宮宣仁『高松宮日記』第七巻・第八巻（中央公論社、一九九九

七年）
渡辺みどり『日韓皇室秘話　李方子妃』（読売新聞社、一九九八年）
金英達「朝鮮王公族の法的地位について」（『青丘学術論集』第一四集、一九九九年三月）
本庄繁『本庄日記』（原書房、二〇〇五年）
渡辺登志子『重すぎた無窮花』（文芸社、二〇〇六年）
「復活ムード高まる「朝鮮李王朝」末裔は「開成高校」教頭」（『週刊新潮』二〇〇六年一〇月一九日号）
小田部雄次『李方子――一韓国人として悔いなく』（ミネルヴァ書房、二〇〇七年）
小田部雄次『皇族に嫁いだ女性たち』（角川学芸出版、二〇〇九年）
高橋正衛『二・二六事件――「昭和維新」の思想と行動』（中公新書、二〇〇九年）
浅見雅男『皇族と帝国陸海軍』（文藝春秋、二〇一〇年）
加藤陽子『昭和天皇と戦争の世紀』（講談社、二〇一一年）

終章

斎藤子爵記念会編『子爵斎藤実伝』第二巻（財団法人斎藤子爵記念会、一九四一年、非売品）
内務省編『皇族、王公族各妃殿下地方御視察ト銃後国民ノ感激ノ状況』（一九四四年）
閑院純仁『私の自叙伝』（人物往来社、一九六六年）
長重九「王家の終焉」（『友邦』一九八一年二月～八二年四月）
李泰俊「해방 전후」（『韓国小説文学大系』第二〇巻、東亜出版社、一九九五年）
高松宮宣仁『高松宮日記』第八巻（中央公論社、一九九七年）

新城道彦（しんじょう・みちひこ）

1978年愛知県生まれ．2009年九州大学大学院比較社会文化学府博士後期課程単位取得退学．博士（比較社会文化）．同年九州大学韓国研究センター講師（研究機関研究員），11年同助教，12年新潟大学大学院現代社会文化研究科助教を経て，15年４月よりフェリス女学院大学国際交流学部准教授．専攻・東アジア近代史．

著書『天皇の韓国併合』（法政大学出版局，2011年）
共著『朝鮮王朝「儀軌」』（NHK 出版，2011年）
『大韓帝国の保護と併合』（東京大学出版会，2013年）
など

朝鮮王公族《ちょうせんおうこうぞく》
――帝国日本の準皇族《ていこくにほんのじゅんこうぞく》
中公新書 *2309*

2015年３月25日発行

著　者　新城道彦
発行者　大橋善光

本文印刷　三晃印刷
カバー印刷　大熊整美堂
製　　本　小泉製本

発行所　中央公論新社
〒104-8320
東京都中央区京橋 2-8-7
電話　販売 03-3563-1431
　　　編集 03-3563-3668
URL http://www.chuko.co.jp/

Published by CHUOKORON-SHINSHA, INC.
Printed in Japan　ISBN978-4-12-102309-4 C1221

中公新書刊行のことば

一九六二年一一月

いまからちょうど五世紀まえ、グーテンベルクが近代印刷術を発明したとき、書物の大量生産は潜在的可能性を獲得し、いまからちょうど一世紀まえ、世界のおもな文明国で義務教育制度が採用されたとき、書物の大量需要の潜在性が形成された。この二つの潜在性がはげしく現実化したのが現代である。

いまや、書物によって視野を拡大し、変りゆく世界に豊かに対応しようとする強い要求を私たちは抑えることができない。この要求にこたえる義務を、今日の書物は背負っている。だが、その義務は、たんに専門的知識の通俗化をはかることによって果たされるものでもなく、通俗的好奇心にうったえて、いたずらに発行部数の巨大さを誇ることによって果たされるものでもない。現代を真摯に生きようとする読者に、真に知るに価いする知識だけを選びだして提供すること、これが中公新書の最大の目標である。

私たちは、知識として錯覚しているものによってしばしば動かされ、裏切られる。私たちは、作為によってあたえられた知識のうえに生きることがあまりに多く、ゆるぎない事実を通して思索することがあまりにすくない。中公新書が、その一貫した特色として自らに課すものは、この事実のみの持つ無条件の説得力を発揮させることである。現代にあらたな意味を投げかけるべく待機している過去の歴史的事実もまた、中公新書によって数多く発掘されるであろう。

中公新書は、現代を自らの眼で見つめようとする、逞しい知的な読者の活力となることを欲している。

中公新書

哲学・思想

a1

1 日本の名著　桑原武夫編
2113 近代哲学の名著　熊野純彦編
1999 現代哲学の名著　熊野純彦編
2187 物語 哲学の歴史　伊藤邦武
2288 フランクフルト学派　細見和之
2300 フランス現代思想史　岡本裕一朗
2036 日本哲学小史　熊野純彦編著
832 外国人による日本論の名著　佐伯彰一・芳賀徹編
1696 日本文化論の系譜　大久保喬樹
2243 武士道の名著　山本博文
312 徳川思想小史　源了圓
2097 江戸の思想史　田尻祐一郎
2276 本居宣長　田中康二
1989 諸子百家　湯浅邦弘
2153 論語　湯浅邦弘

36 荘子　福永光司
1695 韓非子　冨谷至
1120 中国思想を考える　金谷治
2042 菜根譚　湯浅邦弘
2220 言語学の教室　西村義樹・野矢茂樹
1862 入門！論理学　野矢茂樹
448 詭弁論理学　野崎昭弘
593 逆説論理学　野崎昭弘
2087 フランス的思考　石井洋二郎
1939 ニーチェ ツァラトゥストラの謎　村井則夫
2257 ハンナ・アーレント　矢野久美子
674 時間と自己　木村敏
1829 空間の謎・時間の謎　内井惣七
814 科学的方法とは何か　浅田彰・黒田末寿・佐和隆光・長野敬・山口昌哉
1333 生命知としての場の論理　清水博
2176 動物に魂はあるのか　金森修
2166 精神分析の名著　立木康介編著

2203 集合知とは何か　西垣通
2222 忘れられた哲学者　清水真木

中公新書

日本史

d4

世界史

e1

1353 物語 中国の歴史　寺田隆信
2303 殷―中国史最古の王朝　落合淳思
2001 孟嘗君と戦国時代　宮城谷昌光
12 史記　貝塚茂樹
2099 三国志　渡邉義浩
7 宦官(かんがん)　三田村泰助
15 科挙(かきょ)　宮崎市定
2134 中国義士伝　冨谷至
1812 西太后(せいたいこう)　加藤徹
166 中国列女伝　村松暎
2030 上海　榎本泰子
1144 台湾　伊藤潔
925 物語 韓国史　金両基
1367 物語 フィリピンの歴史　鈴木静夫
1372 物語 ヴェトナムの歴史　小倉貞男
2208 物語 シンガポールの歴史　岩崎育夫
1913 物語 タイの歴史　柿崎一郎
2249 物語 ビルマの歴史　根本敬
1551 海の帝国　白石隆
1866 シーア派　桜井啓子
1858 中東イスラーム民族史　宮田律
1660 物語 イランの歴史　宮田律
1818 シュメル―人類最古の文明　小林登志子
1977 シュメル神話の世界　岡田明子　小林登志子
1594 物語 中東の歴史　牟田口義郎
1931 物語 イスラエルの歴史　高橋正男
2067 物語 エルサレムの歴史　笈川博一
2205 聖書考古学　長谷川修一
2235 ツタンカーメン　大城道則

現代史

現代史